政治的リテラシー育成に関する実践的研究

小学校社会科における内容・方法・評価のあり方

岡田泰孝

お茶の水女子大学附属小学校

東洋館出版社

目次

序章
本研究の動機と目的

第1節　政治的リテラシー教育をめぐる動向

　日本の政治教育の課題として、選挙における若者の投票率の低さと、政治への関心の低さが長年話題になってきた。

　選挙における若者の投票率の低さへの対応として、近年模擬投票選挙活動が盛んに行われている。18歳選挙権における初めての国政選挙（2016年7月10日、第24回参議院議員通常選挙）では、10代の投票率が46.78％と高かったために、模擬選挙活動の成果だと話題になった。しかしその後は投票率の下落傾向が続いており、模擬選挙が若者の投票率向上にどれほど貢献したのか、その評価は未だに明らかできない状況にある[1]。

　一方政治への関心の低さへの対応として、文部科学省（2017）『学習指導要領』を基準にした教育課程レベルでは、高等学校の公民科に共通必履修科目「公共」が新設されることが注目された。また、小学校社会科でも、6年生の内容のはじめに、「(1)　我が国の政治の働きについて、学習の問題を追究・解決する活動を通して、次の事項を身に付けることができるよう指導する」という文言が記述され（p.58）、歴史学習よりも政治的な内容を先に学ばせようとする意向が見られる。以上のような政治学習への新しい取り組みは、若者の政治的関心を高めようとする教育動向であり、子どもたちへの主権者意識の涵養という意味で望ましい影響をもたらすと考えられる。

　筆者は現勤務校に着任以来、学習分野「市民」を創設し、価値判断力・意思決定力を育成する社会科に取り組んだり、「政治的リテラシー」を涵養する論争問題学習の授業実践に取り組んだりしてきた[2]。日本の社会科において、実際の政治的内容を通して、主権者教育を推進するためには、小学生のうちから、実際の社会や政治における論争問題学習に取り組むことが必要だと考えてきたからである。

　文部科学省が「主権者教育」という、これらの政治的な関心を高める

教育の推進を提言するに至ったのは、総務省（2011）「常時啓発事業の
あり方等研究会」最終報告書（以下「最終報告書」と略記する）が発端であ
った。

　この「最終報告書」では、若者の投票率を高めるための方策として以
下の2点をあげている。

　第1番は子どもたちが「社会参加」する必要性である。その理由を「知
識を習得するだけでなく、実際に社会の諸活動に参加し、体験すること
で、社会の一員としての自覚は増大する。結果として、主権者としての
資質・能力を高めることとなる。社会的参加意欲が低い中では政治意識
の高揚は望めない。…(中略)…早いうちからボランティアやインターン
シップなどを通じて社会に参加し、その中から自分の働き方や生き方を
考えることが必要である」と述べている[3]。

　第2番は「政治的リテラシー」の育成の必要性である。「政治的・社
会的に対立している問題について判断をし、意思決定をしていく資質は
社会参加だけでは十分に育たない。情報を収集し、的確に読み解き、考
察し、判断する訓練が必要である」と述べている[4]。

　日本の教育では、1点目の「社会参画」を取り入れたボランティア活
動が特別活動や総合的な学習の時間などにおいて行われているが、2点
目の政治的リテラシーの教育は十分に取り組まれているだろうか。「最
終報告書」の指摘がなされるまで、日本では「政治的・社会的に対立し
ている問題について判断をし、意思決定」する学習が行われてこなかっ
たわけではないが、政治的リテラシーを育成するという目的の下で行わ
れてきた実践はほとんど見受けられない。

　授業実践レベルでも、政治的リテラシーの概念を明らかにした上で、
具体的な課題に答えながら、目標−内容−方法−評価のあり方を、子ど
もたちの反応をもとに論証した研究はあまり見受けられない[5]。このよ
うな政治的リテラシー研究や実践の不十分な現状が、政治的リテラシー
を育成する授業を実践することに対する不安や懸念を助長しているので

はないか。この点については、文部科学省（2017）『小学校学習指導要領』に以下の記述があることから明らかであろう[6]。

> 児童の発達の段階を考慮し、社会的事象については、児童の考えが深まるよう様々な見解を提示するよう配慮し、多様な見解のある事柄、未確定な事柄を取り上げる場合には、有益適切な教材に基づいて指導するとともに、特定の事柄を強調し過ぎたり、一面的な見解を十分な配慮なく取り上げたりするなどの偏った取扱いにより、児童が多角的に考えたり、事実を客観的に捉え、公正に判断したりすることを妨げることのないよう留意すること。

　文部科学省では「多様な見解のある事柄、未確定な事柄を取り上げる」ことについて一定の理解を有していると思われる。

　しかし「有益適切な教材に基づいて指導する」と、釘を刺すことも忘れない。「有益適切な教材」とは誰にとってどのような意味を指しているのか。その点が明らかにされなければならない。さらに、「特定の事柄を強調し過ぎたり、一面的な見解を十分な配慮なく取り上げたりするなどの偏った取扱い」をしないように、つまり、政治的中立性が保障された授業をすることの重要性は述べられているが、いかにすれば政治的中立性が保障されるのかは、明らかにされていない。その方法を示さずに「留意すること」だけを強調することは、現場の教員に対して「多様な見解のある事柄、未確定な事柄を取り上げる」ことを避けさせるように誘導することにつながる危険性をはらむものである。

　このような政治的リテラシーを育成する社会科授業に対する不安や懸念が払拭され、日本の社会科教育において政治的リテラシーを育成する教育が当たり前のように行われねばならない。

　そのためにも授業実践の指導や子どもたちの学びの実態に基づいて、政治的リテラシーの概念を明らかにし政治的リテラシーを育成するため

の「目標－内容－方法－評価」のあり方を明示することが求められると考える。

第2節　先行研究の検討

　以上の問題関心を検討するに当たり、はじめに政治的リテラシーとはいかなる能力を指すのかを確認しておきたい。政治的リテラシー教育の必要性が最初に論じられたのはイギリスのシティズンシップ教育に関わったクリック，B．の『政治リテラシー』においてである。クリック，B．は「政治とは、相違なる利益の創造的調停である」(1)と端的に述べ「『政治的リテラシー』が身についたといえるのは、主立った政治論争が何をめぐってなされ、それについて主立った論者たちがどう考え、論争が我々にどう影響するのかを習得したとき」であると説明した(2)。すなわちクリック，B．が重要視したことは、多様な価値観や相違なる利益の創造的調停の根本となる"争点を知る"ことだととらえられる。さらに知ることができた争点についての政治的な議論が自分の生活にどのような影響を与えるのかについて考えが及んだ際に、政治的リテラシーが身についたと考えていたのである。

　第1節で述べたように、日本の主権者教育（文部科学省）の課題は「政治的・社会的に対立する問題を取り上げ、政治的判断能力を訓練すること」だから、クリック，B．が指摘するように"争点を知る"こと自体が子どもの学習課題になることは明白である。しかしクリック，B．はそのための学習方法について特に推奨する事例を示すわけではない。

　しかしクリック，B．は、「政治リテラシー」を育成するための教育方法について「一つの方法だけで、何かが獲得できるわけではないと強調して」おり「普遍的な役割やモデルは想定していない」とも述べている(3)。また議会手続きや憲法制度にかかわる理解から始める学習は避けるべきで「政治的関心が自然に芽生えるのは時事問題」の学習方法が望ましい

と推奨する。時事問題や社会的・政治的論争問題学習の方が「政治を様々な理想や利害の活気に満ちた対立として捉え、迫真的で生気があり現場直結で、参加したくなるものとして」子どもたちにも受け止められると説明しているのである[4]。

そこで我が国の政治教育の文脈においてクリック,B.の「政治リテラシー」がいかにして受容されたのか、日本の政治教育の先行研究を検討することで、政治的リテラシー教育の「普遍的な役割やモデルは想定していない」という教育内容や方法の空白部分を埋めていきたい。

クリック,B.の「政治リテラシー」を検討した研究では先述した「最終報告書」(2011)、吉村 (2012)[5]、小玉 (2015)[6]、水山 (2009)[7]、藤田 (2011)[8]などをあげることができる。

特に、「最終報告書」(2011)、吉村 (2011)、小玉 (2015) らは、民主主義社会には争点ができるような対立が生じることを前提として考え、争点を知ることを「政治的リテラシー」の中核的な能力と捉えながらクリック,B.の考え方を受け止めている。

それらに対して、水山 (2009) は授業のなかで「対立する代替案間での合意の形成や差異の確認を行う」[9]ことまでを想定した政治的リテラシーを構想している。

さらに、藤田 (2011) が「政治的リテラシー」を社会科学習で育てるリテラシーとしてとらえ直し、「関心や意見が異なる」ことを前提にしながら、その差異をどのように埋めていくのか、その方法を考えることが「政治的リテラシー」であると、とらえ直していることにも注目したい[10]。

しかしながら、クリック,B.をはじめ、いずれの先行研究においても、小学校段階の社会科を想定している訳ではないことを踏まえつつ、以上の先行研究に基づいて、とりわけ小学校段階の社会科で育成する政治的リテラシーを定義することは本研究の目的の1つとせねばなるまい。

第3節　研究の目的と視点

　第1節、第2節において、従来の日本の社会科教育では政治的リテラシーの概念を明らかにすることはなく、とりわけ小学校段階においては、政治的リテラシーを育成する実践がほとんど行われてこなかったことを指摘した。

　政治的リテラシーの概念が規定されずにいたことで、その教育の目標が不明確にされていた。

　また、政治的リテラシー育成する方法も不明確であった。例えば、争点を知る学び方や論点についての話し合いの方法、自分の考えをまとめる意見文の書き方なども明確にされてこなかった。

　さらにたとえ子どもに学習方法が身についたとしても、学習内容としての論争問題に対する切実性や当事者性の育成の仕方も十分には検討されてこなかった。

　そして、政治的リテラシーの評価方法についても、ほとんど明確にされてこなかった。

　こうした政治的リテラシー育成に関する教育の現状を鑑みると、政治的リテラシーを育成するための目標−方法−内容−評価のあり方を明確にすることは、日本の政治的リテラシー育成教育（文部科学省であれば主権者教育、一般的には政治教育）を改善するために必要となる。

　そこで本研究においては以下の(1)〜(6)の視点について、具体的に検討を行う。

　(1) 政治的な関心を高めるためには、どのような民主主義社会観に立って、教材や題材を選ぶことが望ましいのか

　(2) 政治的リテラシーとはいかなる概念で、具体的にはいかなる能力を育成することを示しているのか

　(3) 実際の政治問題を授業で取り上げる際に、政治的リテラシーを育成する上で子どもたちが取り組む学習活動とはいかなるものか

⑷ また、子どもたちが真剣に考えようとするのは、どのような学習
　活動なのか
⑸ 政治的リテラシーをどのような規準や基準で評価するのか
⑹ 政治的リテラシーを育成する社会的論争問題学習と既存の社会論
　争問題学習には、どのような共通点と相違点があるのか

　以上の視点から、小学校社会科における政治的リテラシーを育成する
社会科学習のあり方、つまり内容、方法、評価のあり方を明らかにする
ことが、本研究の目的である。

　これらの目的を達成するために、本研究では次の構成で論述を進め
る。

　序章「本研究の動機と目的」では、第1節で政治的リテラシー教育を
めぐる動向について述べ、第2節では先行研究の検討を行った。そして、
第3節において研究の目的と視点を示した。

　第1章は政治的リテラシー教育の現状と課題を明らかにすることを目
的とする。第1節では政治的リテラシー教育を推進し支える民主主義観
がいかなるものかを明らかにする。第2節では小学校社会科で育成する
政治的リテラシーとはいかなるものなのか、先行研究や授業の実態に即
して定義を行う。第3節では、政治的リテラシーを育成する授業の枠組
みと、論争問題学習諸類型の枠組とを比較して、政治的リテラシーを育
てる授業の特徴を明らかにする。

　第2章は政治的リテラシー教育の内容・方法・評価がいかなるものか
を明らかにすることに目的がある。第1節では、政治的リテラシーを育
成する学習内容すなわち時事問題と、時事問題を学ぶことで学習者であ
る子どもたちに「当事者性」が形成されるのか、それらの関係について
明らかにする。第2節では政治的リテラシーを育成する学習方法を授業
実践に基づいて明らかにする。その際「判断の規準」に基づいた「政治
的リテラシー」を育成する授業が、論点ごとに合意形成を図る授業と似
ていることから、「熟議的転回」との関係についても考察する。これに

より「政治的リテラシー」の学習方法の特徴を明らかにする。第3節では、政治的リテラシーを育成する評価方法すなわちパフォーマンス評価とその限界を補う教育的鑑識眼の援用について理論的な検討を行う。

　第3章は研究の目的にそって実践授業の分析を行う。第1節では実践者である筆者が、自分自身の授業実践を分析考察する意味について論じる。第2節では本研究が対象とする3本の授業実践とその概要を明らかにする。第3節では〈第1実践〉「発電方法の未来を考える　その1」について「判断の規準」に基づいて論争を深める学習について考察がなされる。第4節では〈第2実践〉「発電方法の未来を考える　その2」についてパフォーマンス評価と教育的鑑識眼の援用のあり方について考察がなされる。第5節では〈第3実践〉「川内原発再稼働は誰の声を優先して決めるのが望ましいか」について、「当事者性」の涵養がいかになされたかが考察される。

　終章では本研究の意義と今後の展望が明らかにされる。先ず第1節において本研究の理論研究を中心に見られた意義を明らかにする。続いて第2節において、政治的リテラシー育成のための実践上の要点、すなわち政治的リテラシー育成のための内容・方法・評価のあり方について、成果と課題をまとめる。そして、今後、政治的リテラシー育成の授業を行う上での可能性や留意点を示し、今後の展望を明らかにする。

【補註】
第1節
(1) 東京新聞（2019年7月24日 朝刊）は、以下のように報じた。「総務省は23日、参院選（選挙区）の18歳と19歳の投票率（速報値）は31.33％だったと発表した。全年代平均の投票率48.80％（確定値）より17.47ポイント低い。大型国政選挙で選挙権年齢が初めて18歳に引き下げられた前回2016年参院選に比べ、速報値で14.12ポイント、全数調査による確定値からは15.45ポイント下がった。政治参加を促す主権者教育の在り方が課題になりそうだ」と。
(2) お茶の水女子大学附属小学校・NPO法人お茶の水児童教育研究会(2010)『社会的価値判断力や意思決定力を育む「市民」の学習』、ならびに、お茶の水女子大学附属小学校・NPO法人お茶の水児童教育研究会(2019)『独りで決める、

みんなで決める』（食育・家庭科・社会科部会執筆）
(3) 総務省（2011）「常時啓発事業のあり方等研究会」最終報告書、p.5
(4) 前掲、総務省（2011）「常時啓発事業のあり方等研究会」最終報告書、p.6
(5) cinii で"政治的リテラシー"と"小学校"をキーワードにして検索したところ、小学校における実践報告・実践研究論文は、6本の存在が確認された（最終閲覧日：2020/12/28）。そのうち5本は筆者を含めた本校社会部教員によるものである。
(6) 第2節社会、[第3　指導計画の作成と内容の取扱い] − 2⑷、文部科学省（2017）『小学校学習指導要領』p.63

第2節
(1) クリック，B．（2011）「政治リテラシー」関口正司〈監訳〉『シティズンシップ教育論』法政大学出版局、p.58。
(2) 前掲書、クリック，B．（2011）p.58
(3) 前掲書、クリック，B．（2011）p.89
(4) 前掲書、クリック，B．（2011）p.30
(5) 吉村功太郎（2012）は「政治的リテラシーは、社会的問題をめぐる現実社会の様々な動きを読み解き、適切な判断と行動によって社会的問題のより良い解決に主体的に参画するための知識、技能、態度を含む総合的な能力であるということができる」と述べる。「英国シティズンシップテキストブックの内容構成研究：政治的リテラシーの育成を中心に」『研究論文集−教育系・文系の九州地区国立大学間連携論文集 -』Vol.5、No.2、p.4
(6) 小玉重夫（2015）「政治的リテラシーとシティズンシップ教育」、J -CEF、唐木清志、岡田泰孝、杉浦真理、川中大輔（監修・執筆）『シティズンシップ教育で創る学校の未来』東洋館出版社、pp.8-15
(7) 水山光春（2009）「政治的リテラシーを育成する社会科　−フェアトレードを事例とした環境シティズンシップの学習を通して−」日本社会科教育学会『社会科教育研究』第106号、pp.1-13
(8) 藤田裕子（2011）「イギリスにおけるシティズンシップ教育の展開とクリック報告：政治的リテラシーの意義」大阪市立大学教育学会『教育学論集』37巻、pp.12-20
(9) 前掲水山（2009）p.4
(10) 前掲藤田（2011）p.18

第1章
政治的リテラシー教育の現状と課題

本章では政治的リテラシー育成の学習を成立させるための前提となる事柄を検討する。

　第1節では序章において示した研究の視点「(1)政治的な関心を高めるためには、どのような民主主義社会観に立って、教材や題材を選ぶことが望ましいのか」にそって、文部科学省の政治的リテラシーを育成する教育のあり方を批判的に検討し、それに代わる内容をどのように構想するのかを論じる。

　第2節では小学校社会科で育成する政治的リテラシーについて検討を行う。政治的リテラシーとは、いかなる能力を指すのか、小学校ではいかなる能力を身につけさせたいのかを明らかにする。これは序章において示した研究の視点「(2)政治的リテラシーとはいかなる概念で、具体的にはいかなる能力を育成することを示しているのか」に対応する。

　第3節では政治的リテラシー育成の学習と論争問題学習諸類型の枠組の相互関係を論じることを通して、政治的リテラシー育成の学習論の特徴を明らかにする。これは第1章において示した研究の視点「(6)政治的リテラシーを育成する社会的論争問題学習と既存の社会論争問題学習には、どのような共通点と相違点があるのか」に相当する。

　なお、本章で取り上げない視点(3)(4)(5)は授業実践を分析する視点であり、第2章において扱う。

第1節　政治的リテラシー教育を支える民主主義観

第1項　政治的対立を取り上げる主権者教育
－文部科学省の政治的リテラシー教育構想の問題点－

　日本の政治教育の課題は選挙における投票率の低さに象徴される。18歳選挙権制度が確立した後の2019年7月に行われた第25回参議院議員選挙の投票率は48.8％で、前回の2016年の54.7％を5.9ポイント下回ったことが総務省から発表された。全国規模の国政選挙として過

去最低だった 1995 年の参議院議員選挙（44.52％）以来 24 年ぶりに 50％を割り、過去 2 番目の低投票率となった。

　この投票率の低さが顕現する政治教育が解決すべき課題を明らかにした総務省（2011）「最終報告書」が出されて以来、政治教育の進め方に対する市民や教育関係者の関心は高まって来ていた。「最終報告書」では政治教育が解決すべき課題として若者の投票率を高めることを指摘し、その方策として以下の 2 点をあげている。

　第 1 番は「社会参加」[1]であり、第 2 番に「政治的リテラシー」[2]育成であることは、序章で述べた通りである。

　特に、政治的リテラシーの重要性に関しては「最終報告書」による指摘がなされるまで、政治的判断力を育成する政治教育はある一時期を除いてほとんど行われてこなかった。ただし、ここでいう「政治教育」とは直接的に「政治にかかわる内容を扱う教科・領域・時間」のことに範囲を限定する。限定する理由を 2 点から述べる。

　第 1 に「教育基本法」では、「平和で民主的な国家及び社会の形成者（第 1 条）」を育成することを謳い、民主主義を担う市民の育成が目標とされている。この条文に従えば、政治教育は教育全体を通して行うことになっており、実態はどうであれ、政治的判断力を育成する教育は現行の教育課程で行われているという解釈が成立してしまう。そこで、実態を伴った議論を保障するために、範囲を限定した上で検討するのである。

　第 2 に哲学的な系譜から考察すると、政治哲学者アーレント（Hannah Arendt）は、哲学者カント（Immanuel Kant）が『判断力批判』第一部で論じた「美的判断力の批判」のことを「政治的判断力」と再定位した[3]。このことを重視すると美術教育なども政治教育の範囲に含める必要が生じてしまい、検討内容が煩雑になってしまう。以上の理由から、本稿では「政治教育」を直接的に「政治にかかわる内容を扱う教科・領域・時間」に限定するのである。

　戦後の日本の教育において、政治教育の中核を担ってたのは社会科で

ある。なかでも戦後の初期社会科は時事問題を教育内容としていた時期があり[4]、直接的に政治的内容を扱っていた。初期社会科以降の社会科においても公民的内容が設定され、政治教育の最前線に位置してきた。

　社会科以外の教科や領域で政治教育を担ってたのは、家庭科、「総合的な学習の時間」、道徳教育などである。

　家庭科の『小学校学習指導要領』(2017) には、内容 C に「(1)－ア－(イ)身近な物の選び方、買い方、情報の収集」がある。この内容にそった学習として、岡部 (2019) の「国際フェアトレード認証ラベル」がついたチョコレートを購入することを不当な児童労働をなくすことにつなげる実践がある[5]。家庭科では、子ども自身が自分の消費生活を見直すことと、遠い外国の子どもの生活の改善を貿易を通して学ぶ政治学習を可能にしてきた。

　「総合的な学習の時間」では、「学校の実態に応じて、例えば、国際理解、情報、環境、福祉・健康などの現代的な諸課題に対応する横断的・総合的な課題、…（中略）…などを踏まえて設定すること」[6]と、例示としてではあったが、現代的な諸課題を取り上げる機会が増えたとも考えられる。

　戦後の道徳教育には、価値注入主義や人物心情読み取り主義などの批判がなされてきた。しかし、「特別の教科　道徳」と教科化されてからは内容について変更の可能性がでてきた。文部科学省が設置した「道徳教育の充実に関する懇談会」が 2013 年 12 月に「今後の道徳教育の改善・充実方策について」と題する報告書をまとめた。そこには「特に小学校高学年や中学校では、現実社会で顕在化している生命倫理や情報倫理、環境問題など、多様な価値観が引き出され考えを深めることができるような素材ももっと積極的に活用されるべきである」という指摘がなされている。今後は現代的な課題を扱う政治的問題も学習内容として保障されるのである[7]。

　こうして概観したように、戦後の教育課程のなかでは政治的判断力を

育成する政治教育は、ある一時期の社会科を除いてほとんど行われてこなかった。

　今後、主権者教育、総合的な学習の時間、「特別の教科　道徳」などが政治的な内容を取り上げる可能性が増している。しかしながら取り上げ方次第では、今後の若者の政治的な関心や投票率にも変化が望めない可能性もある。ではいかにすればその可能性を回避できるのであろうか。学校教育における政治的内容の取り上げ方について、「最終報告書」は「我が国の学校教育においては、政治や選挙の仕組みは教えるものの、政治的・社会的に対立する問題を取り上げ、政治的判断能力を訓練することを避けてきた」[8]ことが若者の政治的な無関心を生んだと指摘している。それでは、なぜ、政治的判断能力を訓練することを避けるような状況が起きてしまったのであろうか。その理由は、政治教育の歴史的な背景や経緯に関係がある。

　教育基本法14条第1項では「良識ある公民として必要な政治的教養は教育上尊重されるべき」であるとされており、「政治的リテラシー」涵養の教育は保障されている。しかし、第2項では学校が特定政党を支持する教育を禁じ、政治的中立性を定めている。問題は、この第2項ばかりが注目されてしまったことによるものであり、学校教育で「政治的・社会的に対立する問題を取り上げ、政治的判断能力を訓練すること」が避けられてしまってきたからである。ここで、その歴史的な原因とその後の経緯を概観しておくことにしたい。

　文部省（1969）は「高等学校における政治的教養と政治的活動について」[9]を定め、高校生の政治教育を制限した。同通知の「第二　高等学校における政治的教養の教育のねらい」では、「良識ある公民となるため、政治的教養を高めていく自主的な努力が必要なこと」を説いてる。

　そこでは、「政治的事象を客観的に理解していくうえに必要な基礎的な知識、たとえば民主主義の理念、日本国憲法の根本精神、民主政治の本質等について正確な理解を得させるとともに将来公民として正しく権

利を行使し、義務を遂行するために必要な能力や態度を養うこと」（下線：筆者）と述べる。その後に続けて「なお、その際、国家・社会の秩序の維持や国民の福祉の増進等のために不可欠な国家や政治の公共的な役割等についてじゆうぶん認識させること」（下線：筆者）と念を押している。ここにも国全体にかかわる政治内容について学ぶことを通して政治的教養を教育する意図が明らかに読み取れよう。

　ただし上記の通知の意図には、1969年という時代的な制約や限界が見て取れる。制約や限界とは次のようなことである。

　当時、昭和43（1968）年版『学習指導要領』の下で学校教育が行われ教育の現代化が進められた[10]。これにより系統的な学習内容を、教師の教授によって子どもが学習するという授業が一般的であった。そこには教育内容を決定するのは文部省で、教えるのは教師であり、その投げかけに反応するのが児童・生徒という授業が自明視されていた。その根底に見えるのは、国家や政治の公共的な役割に関する知識と理解に重点が置かれた、すなわちそれらの知識と理解を身につければきっといつか「将来公民として正しく権利を行使し、義務を遂行」できる能力や態度を養うことができるであろうという現在から考えれば古い学力観である。

　さらに「秩序の維持や国民の福祉の増進等のために不可欠な国家や政治の公共的な役割」を強調するなど、政府や国家に都合の良い公共が強調されており、基本的人権や選挙以外の政治参加のあり方が示されないことなども、気になるところである。

　この背後には、本通達が出された1969年の東京大学入学試験を中止に追い込んだ学生運動の激しさがあったと考えられる。文部省は、高校生に対して、国家や政治の公共的な役割に関する知識を重点的に理解をさせ、基本的人権や選挙以外の政治参加のあり方を取り上げたのである。

　ところが2010年頃からの18歳選挙権に向けた主権者教育の高まり

とともに政治に関わる教育の状況は変化したのである。

　文部科学省（以下、文科省と略記）通知（2015）「高等学校等における政治的教養の教育と高等学校等の生徒による政治的活動等について」[11]においては「選挙権年齢の引下げが行われたことなどを契機に、習得した知識を活用し、<u>主体的な選択・判断を行い、他者と協働しながら様々な課題を解決していくという国家・社会の形成者としての資質や能力を育む</u>ことが、より一層求められます。このため、議会制民主主義など民主主義の意義、政策形成の仕組みや選挙の仕組みなどの政治や選挙の理解に加えて現実の具体的な政治的事象も取り扱い、<u>生徒が国民投票の投票権や選挙権を有する者（以下「有権者」という。）として自らの判断で権利を行使することができるよう、具体的かつ実践的な指導を行うことが重要です</u>（下線：筆者）」[12]とし、高校生が実際に起きている政治的な問題を学ぶことを奨励し始めたのである。

　文部省が高校生の政治教育を制限した「高等学校における政治的教養と政治的活動について」（1969）に比べて、文科省通知（2015）「高等学校等における政治的教養の教育と高等学校等の生徒による政治的活動等について」の内容が、取り扱う内容においても、学力論においても現代的な政治的・教育的な課題に答えようとするものに変化したことは明らかである。

　しかしここで、文科省通知（2015）を生み出した総務省（2011）「最終報告書」の限界を指摘しておくことが求められると考える。1960年代よりも進化したと考えられる我が国の政治教育も、ヨーロッパのそれと比べると問題点があることを認識する必要があるからである。

　「最終報告書」の「我が国の学校教育においては、政治や選挙の仕組みは教えるものの……」に対しては、政治や選挙の仕組みを部分的にしか教えていないという批判がある。例えば日本の社会科で教える選挙制度は、代表制（間接民主制）だけで住民投票のような直接民主制やデモ行進への積極的な参加については『学習指導要領』（2017）にはひと言も

触れられていない。

　そこで若者の選挙投票率が高いスウェーデンの政治教育と日本の政治教育を比べることで、「最終報告書」には記述されていない日本の政治教育に欠けているものを指摘したい[13]。

　スウェーデンの国政選挙（2014年）の30歳未満の若年層の投票率は81.3％で、同年の日本の衆院選の若年層投票率は32.6％と大きな差があった。一方で、内閣府の意識調査で「政治に関心がある」と答えた若者の割合は、むしろ日本の方が高かったのだ。では、その違いの原因はどこにあるのであろうか。

　まず、社会全体に若者の政治参加を促す雰囲気と政治参加を訓練する制度があることである。例えばスウェーデンの若い国会議員の割合では、18~24歳：2.3%、25~29歳：8.3%（最年少の国会議員　22歳のヤスペル・カールソン）となっているが日本では0人である。またスウェーデンの現政権の内閣24人中の若い大臣は、教育大臣のグスタフ・フリドリーン33歳（2002年の国政選挙において19歳で当選）、高校・知識向上担当大臣のアイーダ・ハジアリッチ（29歳）ボスニア・ヘルツェゴヴィナ生まれ、国民健康・医療およびスポーツ担当大臣社会民主党青年部代表のガブリエル・ヴィークストロム（31歳）などがいる。若者が大臣を務めるなど実際に活躍しているのである。また、子どもがデモに参加することを良しとする社会の空気がある。

　次に学校教育において市民育成のための学びが保障されていることがあげられる。例えばスウェーデンの学校選挙制度では、投票日の前の2週間、日本の中学校と高校相当の学校で実際の選挙と全く同じ政党に同じ投票用紙で投票する制度で、しかもその結果は全国的に集計されて、実際の選挙の投票結果が出たすぐあとに公表されるのである（https://tatsumarutimes.com/archives/21598）。日本の模擬投票とは規模が全く違うのである。

　さらに、スウェーデンの小学校高学年社会科教科書には、SNSに関

する内容として「Twitterなどのソーシャルメディアは世界中の権力者に影響を与えられるツールです。あなたも意見を述べて他の人々に影響を与えることを考えてみましょう」という解説が出ている。社会科の授業で、ディベートや民主主義のプロジェクト活動が行われていることは説明するまでもない。

　社会的・歴史的・文化的な背景が日本とは余りに異なり、比較そのものが難しいことを前提とした上で、日本とスウェーデンの政治教育の相違点が明らかになった。その相違点を踏まえると、文科省通知（2015）が示す内容、すなわち「<u>自らの判断で権利を行使することができるよう、具体的かつ実践的な指導</u>」（下線：筆者）をどのように設定するのかは、現場の教員に裁量があると読むこともできる。しかし、2015年6月に山口県で起きた県立高校の安全保障関連法案の授業を巡る教育行政の対応を見る限り⁽¹⁴⁾、行政が本当に教育の中立性や政治教育の意義を理解しているとは限らないという現実に直面することになった。このような事態を想定すると、日本においては模擬選挙の方法改善や公共の場で政治的要求を表現するデモ参加などの制度的な問題に関する解決は、文部科学省『小学校学習指導要領』の改訂だけではなく、社会教育の改善など国の政策レベルの問題として話題にしていく必要がある。

　ここで話を元に戻す。それでは、主権者教育や政治的教養の教育を推進しようとする人々や組織は、いかなる方策で、若者たちの政治的関心を高めようとしているのであろうか。

　この話題に進む前に「政治的教養の教育」や「主権者教育」という類似した言葉の意味について整理しておくことにしたい。

　はじめに政治的教養の教育について確認する。文科省（2015）「高等学校等における政治的教養の教育と高等学校等の生徒による政治的活動等について（通知）」を取り上げた際に述べたように、政治的教養とは「現実の具体的な政治的事象も取り扱」うなかで「主体的な選択・判断を行い、他者と協働しながら様々な課題を解決」する「国家・社会の形成者

としての資質や能力」を指している[15]。

　次に主権者教育について確認する。主権者教育という言葉は、総務省「最終報告書」において使われた用語である。その意図するところは「国や社会の問題を自分の問題として捉え、自ら考え、自ら判断し、行動していく」[16]主権者を育てる教育である。

　また文科省の「主権者教育の推進に関する検討チーム」（以下、検討チーム2016と略記する）の最終まとめでは、「主権者教育の目的を、単に政治の仕組みについて必要な知識を習得させるにとどまらず、主権者として社会の中で自立し、他者と連携・協働しながら、社会を生き抜く力や地域の課題解決を社会の構成員の一人として主体的に担うことができる力を身に付けさせること」[17]とした。このように、検討チーム2016は、主権者教育を「地域の課題解決を社会の構成員の一人として主体的に担う」とも述べており、政治の問題として取り上げる「課題解決」の題材の範囲が「地域」に狭められてしまう恐れがあることに注意しておく必要がある。

　それに対して、総務省「最終報告書」の主権者教育の考え方ならば、国政選挙の争点となる問題を扱うことが前提とされており、広い視野から政治について考えることが許容されるだろう。

　以上、文部省＝文科省の「政治的教養」の捉え方の現在と過去との比較や、「主権者教育」について総務省と文科省の捉え方との比較から、総務省と文部科学省で捉え方に異なりのある「主権者教育」という概念を用いるよりも「政治的教養の教育」という概念で政治教育を説明する方が、一貫性があると考えられる。特に、文科省通知（2015）の「政治的教養」の考え方は、現代の政治問題についても主体的に選択・判断を行うことを想定しており、日本の政治教育の課題を解決する上で十分な捉え方や考え方を備えていると判断できる。

　ところで政治的教養の「教養」という言葉の響きからは、知識が豊富で、哲学的な思考をして、品性があるという印象が受けるのではないであろ

うか。しかしながら、文科省は、教育基本法の「政治的教養」を The political literacy と英訳している[18]。すなわち「政治リテラシー」である。「教養」という語感からすると、リテラシーという言葉のイメージからは随分遠いのではなかろうか。なお総務省「最終報告書」において「政治的リテラシー」は、政治的判断力・批判力と同じ意味として記述されている。

　さらに、イギリスでシティズンシップ教育を牽引したクリック，B.は政治教育の要として、政治リテラシーの育成をあげており、政治リテラシーが備わった人とは、次の①～⑤の知識をもった人であると述べている[19]。これらはクリック，B.が構想した目標であり評価規準とも言えよう。すなわち、

　　①争点に関する基本的な情報、つまり、誰が権力を持ち、どこから資金が流れ、制度がどう機能しているかといった情報をもっている
　　②能動的に参加する方法
　　③最も効果的な問題解決策を判断する方法
　　④問題が解決された場合、政策目標がどれくらい達成されたのかを評価する方法
　　⑤他者が物事をどう見ているか、自らの行動をどう正当化しているかを理解する方法、および、正当化の理由をつねに提示するよう他者を促す方法

という知識を備えた人であるとした。

　イギリスのシティズンシップ教育が日本に広く紹介されて以降、政治的教養という言葉よりも「政治的リテラシー」という言葉の方が学校現場で政治教育を進める教員には馴染みが深いことも加味すると、教育基本法や文科省の通知に記述されている「政治的教養」は、「政治的リテラシー」と表記しても問題はなく、むしろ、「教養」という言葉から受けるイメージに影響されず誤解もされない表現であると考えられる。

　以上の検討を経て本研究では「良識ある公民として必要な政治的教

養」を「政治的リテラシー」と表記することにする。

　では、政治的リテラシー教育を推進しようとする人々や組織は、どのような方策をとって、若者たちの政治的関心を高めようとしているのであろうか。

　その対応策の1つ目に、若い有権者に模擬投票を働きかけて、選挙における政策の争点や投票率の向上を図る教育活動がある。2つ目に、まだ有権者となっていない児童・生徒も含めて、主権者として政治に興味・関心をもつような論争問題学習に取り組ませ、政治的リテラシーを涵養する教育活動がある。

　本研究では対応策2つ目の政治的リテラシーを育成する小学校社会科教育の授業実践を通して、子どもたちに政治的リテラシーを涵養する授業方略、評価のあり方を明らかにすることが目的である。その主たる理由は2点ある。

　1番目の理由は、主権者教育や政治的リテラシー教育に対する、教育行政や社会の関心の多くが高等学校教育に向けられ、小学校段階のそれには向けられていないからである。

　2番目の理由は、小学校段階の当該教育に関心が向けられていないことから、文科省によるその構想内容が不十分なものに留まっているからである。

　では、文科省は小学校の政治的リテラシー育成教育をどのように構想し始めているのだろうか。ただし文部科学省は政治的リテラシーという言葉を使わず主権者教育と呼んでいるので、ここでは主権者教育を扱っている部分を検討しながら以下の記述を進める。

　文科省総合教育政策局地域学習推進課が小学校の主権者教育として取り上げる事例を参照したところ[20]、『小学校学習指導要領（2017）』に記載された社会科教育の取り組み方よりもさらに消極的な取り上げ方と言わざるを得ない内容であることが確認できる。

　取組事例の一例は小学校3〜4年生を想定している。ねらいは「廃棄

物の処理に関わる対策や事業が地域の人々の健康な生活や良好な生活環境の維持と向上に役立っており、住みよい環境の中で、人々が健康的に暮らすために、<u>自分自身は何ができるのかを考えることができるようにする</u>（下線：筆者）」[21]こととされている。

　これを文部科学省『小学校学習指導要領（2017）』（社会）第4学年と照らし合わせてみる。そこには「廃棄物を処理する事業は、衛生的な処理や資源の有効利用ができるよう進められていることや、生活環境の維持と向上に役立っていることを理解すること」[21]と目標が明記されている。さらにこの内容に関する取り扱いとして、「社会生活を営む上で大切な法やきまりについて扱うとともに、ごみの減量や水を汚さない工夫など、<u>自分たちにできることを考えたり選択・判断したりできるよう配慮すること</u>（下線：筆者）」[23]と記載されている。以上から、文部科学省が構想する主権者教育や「政治的リテラシー」涵養の教育は『小学校学習指導要領（2017）』（社会）の射程範囲内に収め同一の目標の下におき、その目指すところは、子どもが「自分自身は何ができるのかを考えることができるようにする」程度でよいと構想していることは明らかである。

　子どもが「自分自身は何ができるのかを考えることができるようにする」ことの問題点は「自分自身は何ができるのかを考えること」を目指している限り、「現実の具体的な政治的事象」を取り扱うことはできても、「政治的・社会的に対立する問題を取り上げ、政治的判断能力を訓練すること」を目指すことは非常に困難なことにある。

　これは『小学校学習指導要領（2017）』（社会）がもつ民主主義社会の認識のあり方が根源的に抱えている問題であるともいえる。このことについて、小西正雄は民主主義社会に対して、以下の認識をもたせることが必要であると考えている[24]。

　ア　社会には、一個人の工夫や努力では、できることと、できないこ

とがある

イ　自分の利益と、他者やみんなの利益は、必ずしも一致しない

ウ　だから、世の中には、広い視野から社会を調整するしくみが必要
　　であるとともに、それらの仕組みに対して関心をもち、自ら働き
　　かけようとする意識をもつことが必要である

　すなわち民主主義社会に対して「諸々な揉め事が起きて、思うほど簡単に、問題の解決は進まないものと捉える」[25]社会観を、教員も子どもも共有することを前提にすることが必要なのである。この社会観の根底にあるのは、民主主義社会には対立があることを前提にした考え方である。それへの対極的な考え方は、民主主義社会とは平等な市民による同質性の高い社会であるという考え方である。こうした同質的な民主主義社会像を描いている限り「政治的・社会的に対立する問題を取り上げ、政治的判断能力を訓練すること」を目指すことは困難である。

　社会科教育研究では、政治哲学や政治思想の歴史における民主主義社会の捉え方が平等な市民による同質性の高い社会であるとされてきたことを問題とする指摘が既になされてきた。

　例えばカール・シュミット（Carl Schmitt、1972）は民主主義の同質性＝排他性について以下のように端的に述べている[26]。

　　　あらゆる現実の民主主義は、平等のものが平等に取り扱われるというだけではなく、その避くべからざる帰結として、平等でないものは平等には取り扱われないということに立脚している。すなわち、民主主義の本質をなすものは、第1に同質性ということであり、第2に──必要な場合には──異質なものを排除ないし絶滅ということである。

　しかし文科省が構想する主権者教育では「地域の人々の生活にとって

必要な飲料水、電気、ガスの確保や廃棄物の処理について、次のことを見学したり調査したりして調べ、これらの対策や事業は地域の人々の健康な生活の維持と向上に役立っていることを考えるようにする」という「見方・考え方」を前提にしている[27]。「これらの対策や事業」が「地域の人々の健康や生活の維持と向上に役立っている」、つまり「社会は上手くいっている」のだから「政治的・社会的に対立する問題」を子どもが問いとしてもつことはあり得ず、対立する問題を取り上げることの可能性は著しく低くなることが予想されよう。そうなれば「政治的判断能力を訓練すること」をこれからも避けていくしかなくなるのではなかろうか。

　こうした考え方を改めて、民主主義社会とは「諸々な揉め事が起きて」しまう社会であり「思うほど簡単に、問題の解決は進まないものと捉える」方が「政治的・社会的に対立する問題を取り上げ、政治的判断能力を訓練」しやすくなるだろう。

　以上の分析が示すとおり、文科省が推進しようとしている「政治的リテラシー」を涵養する教育の初等教育版は、構想段階で既に形式化し頓挫しかけていると言ってよいだろう。

　こうした変革が進まない初等教育段階における政治教育の現状に鑑み「政治的・社会的に対立する問題を取り上げ、政治的判断能力を訓練する」政治的リテラシー涵養教育を指向する授業実践が必要なことは明らかである。

　政治教育に関わる政治と教育の動向を踏まえ、本研究がその具体的な学習内容、方法、評価についての方略を理論・実践面から明らかにする意義があると考えている。

第2項　模擬投票に依存する政治教育の問題点

　「政治的リテラシー」を涵養する教育に注目する2番目の理由は、小学生という発達段階を考慮する点による。

　模擬投票に参加することを重視すると「国や社会の問題を自分の問題として捉え、自ら考え、自ら判断し、行動していく」主権者を育成する上で、子どもたちへの負担が大きくなる。

　この点について藤井（2016）は「若者は、現実の政治などが分からないとなぜ棄権するのだろうか」という問いを立て、高等学校や大学1～2年生にアンケート調査を行いその理由を探り、その理由の1つに、青年期特有の「潔癖感」「完璧主義」を挙げている[28]。「具体的には、『まだ社会のことが分からないのに』『政党の提案していることがよく分からないのに』『社会経験がないのに』投票に行ってよいのか？と考えている」ことを指摘している[29]。これらの高校生や大学生の傾向は、小学生にも認められる。各政党の政策をきちんと理解しようと努力するが、マニフェストに書かれた難解語句が理解できないままでは模擬投票に参加したくない、という子どもがいたのである。

　こうした模擬投票に向けた活動のデメリットやマイナス面を考えると、模擬投票を小学校段階で実施することのメリットは少ないと考えられる。むしろ、実施しないことの方が、子どもの発達段階にあっており、学習への負担を減らすことになると判断できる。

　この点について筆者の授業における体験を述べる。筆者は授業において子どもたちに2回模擬投票の学習を行ったことがある。1回目は第46回衆議院議員選挙（2012.12.16）の前に当時の第6学年の子どもたちに対して実施した。2回目は沖縄県知事選挙（2014.12.10）の前に当時の5年生に対して実施した。

　1回目の衆議院議員選挙の模擬投票では、選挙の争点が余りに多くほとんどの子どもが、全ての争点について事前に調べ切ることが難しかっ

た。子どもたちは模擬選挙の前に様々な政党の政策を理解できないまま
に投票することに、ためらいを感じていたようであり、意思が曖昧なま
ま投票することに抵抗を感じる子どもや、よく分からないから棄権した
いという子どもも出てきた。当時、各政党のマニュフェストには「経済
政策」「消費税」「北朝鮮対応」「安全保障政策」「憲法改正」「教育」「原
発」「エネルギー政策」の８つ程度の項目が示された(30)。小学生がその
全ての項目の争点を発見して学ぶことは大きな困難を伴ったことは想像
に難くない。

　この衆議院議員選挙の模擬投票に対して、２回目の沖縄県知事選挙の
模擬投票の前には、この選挙の最大の争点であった「普天間基地の辺野
古移設問題」について２時間程度授業で取り上げた。そこでは短時間で
はあるがディスカッションも行い、子どもたちは各候補者の政策への考
えを知り、何が争点なのかを学ぶ機会をもつことができた。この模擬投
票については、子どもたちが模擬投票活動に乗り気であった。筆者の知
る限りでは、衆議院議員選挙の模擬投票の時のような「ためらい」、「抵
抗」、「棄権」ということはなかった。そして、実際の選挙後に模擬投票
の開票を行ったあとも、実際の選挙と自分たちの模擬投票の結果を比べ
ながら、子どもたちが随分話題にしていた姿が印象的であった。

　以上のような筆者の授業体験などから、小学校段階では模擬投票活動
を行わずに、一つ一つの時事問題や社会・政治的な論争問題について学
ぶことのほうが一人一人の子どもにとって意味のある学びになると考え
るに至った。そして小学校から中学校にかけては、子どもが一つ一つの
時事問題や社会・政治的な論争問題について考え、他者の意見に学びな
がら自分の意見をもつことを重視することが、高校での模擬投票につな
がっていくと考える。高校では、小学校・中学校で学んだ個別の論争問
題学習の成果を生かして一人一人の生徒が悩みつつも、複数のマニュフ
ェスト即ち選挙の争点について考える基盤ができあがっているように、
子どもたちを育てていくことで発達段階に適応する授業デザインを描け

るのではなかろうか。

　「座談会　主権者教育の実践と課題」[(31)]において、参加者の一人である高橋朝子（東京都立戸山高等学校主幹教諭　当時）は、高校で主権者教育に携わっている教員の立場から以下のように語った。「私がこれまで本物にこだわってきたのは、本物をやらないと実際のところが分からないからです。争点となる課題は沢山あり、選挙公報を見るとこんなに候補者がいる。自分はどこに投票するのかすごく悩む。そこで悩まないと、実際の投票で誰に投票してよいか分からず、『行かない』となってしまう」と。高橋が語るのは、高校生だからこそ模擬選挙で悩み、考え抜いた上で実際の選挙では自信をもって投票に臨ませたいという意気込みである。高橋の発言からは、高校生でもそれなりに負担があることが推察できる。だから、小学校・中学校段階では、個別的な時事問題や、社会・政治的な論争問題について考え、高校段階では複数の争点について考え模擬投票を行うという緩やかな段差をもうけることが必要になると考えるのである。

　以上、政治的・社会的に対立する論争問題を取り扱い、政治的リテラシーを育成する学習の必要性を述べた。本研究ではそれを具現化する学習論を、実際の授業（学習内容・方法、評価）を実践した形で提示し、小学校でも実行可能なことを実証していく。

　また、小学校の政治教育を更新・変革することによって、中等教育段階の政治教育への接続が緩やかになり、子どもが学びやすくなることにも目を向けたい。『中学校学習指導要領（2017）』（社会）〔公民的分野〕では、「合意形成や社会参画を視野に入れながら」[(32)]学ぶことが示されている。合意形成は、「政治的・社会的に対立する問題」の存在を前提にした概念である。この合意形成を視野に入れた学習と、小学校の「自分自身は何ができるのかを考えることができるようにする」主権者教育には大きな溝があることが読み取れる。すなわち小・中社会科の接続には大きな段差が生じてしまっているのである。中学校〔公民的分野〕と

高校新教科〔公共〕が緩やかに接続してるだけに、小・中の段差の問題を解決することが、今後の主権者教育の課題になると考える。小学校の内容を更新・変革することで、小・中・高の接続が緩やかに連続していくことが期待される。この提案は、中学校の教員と共に小学校の主権者教育（「政治的リテラシー」を涵養する教育）を考え直す、基盤的研究の提供になると考えられる。

第2節　小学校社会科で育成する政治的リテラシー

　序章ではクリック, B. の「政治リテラシー」を検討した研究として、「最終報告書」(2011)、吉村 (2012)、小玉 (2015)、水山 (2009)、藤田 (2011) などをあげた。特に「最終報告書」、吉村、小玉らは、民主主義社会には争点ができるような対立が生じることを前提として考え、争点を知ることを「政治的リテラシー」の中核的な能力と捉えながらクリック, B. の考え方を受け止めていたことを述べた。それらに対して、水山 (2009) は「シティズンシップを教えるに際しては、『バランスと公平と客観性』を担保しつつ『論争問題を扱うことが是非とも必要』[註13]となる。それゆえに、『多種多様な価値と利益の間』でのぶつかりあいと合意や『妥協の過程』としての討論場面を組み込んだ学習を支える方法原理は、積極的な代替案の提案をも含む『批判（的思考）』[註14]となるだろう」[1]と述べている。この考え方の興味深いことは、社会科授業の文脈にそって、イギリスのシティズンシップ教育における政治的リテラシーと、日本の社会科教育における批判的な思考の関係を明らかにした点である。水山は授業のなかで「対立する代替案間での合意の形成や差異の確認を行う」[2]ことまでを想定した政治的リテラシーを構想している。本研究でもこの考え方を取り入れて、「様々な立場の人が幸せになれる条件を考えて決定する」ことを政治的リテラシーの要素に組み込んでいく。

　クリック, B. が言う「手続き的価値」である「寛容」に着目した藤田

（2011）が、「政治リテラシー」を社会科で育てるリテラシーとしてとらえ直し、社会科学習における学びの文脈にそって新たなに意味づけを試みた点は注目に値する。彼女は「政治リテラシー」の実践では「『関心や意見がぶつかりあう』ことを肯定的にとらえていることが重要だと考え」、「『関心や意見が異なる』ことを前提とし、そこからいかに共生していくかが問われる。これは、互いにわかりあえない、とあきらめてしまうこととは違う。『関心や意見が異なる』からこそ、互いにわかりあうための方法を考えよう、という姿勢につながるのである」[3]とし、「関心や意見が異なる」ことを前提にしながら、その差異をどのように埋めていくのか、その方法を考えることが「政治リテラシー」であると捉え直している。

　この藤田が示した「手続き的価値」の一つである「寛容」は、子どもが社会科学習において“争点を知る”ことで実際に論争問題学習に取り組み、合意できた点と、どうしても合意できない点を見つけたときに重要性を増す。なぜならば、どうしても合意できない点が見つかった時点で、「これは、互いにわかりあえない、とあきらめてしまう」のか、それとも、お互いが納得できる方法や方策を考えようと、もう一歩相手に歩み寄ろうとするすることができるのか否かは、民主主義社会を担う市民として育つ際に、どのように他者との関係を築ける人になるのかを決定づける価値だからである。

　なおクリックの考えに対してオードリー・オスラー（Audrey Osler）、ヒュー・スターキー（Hugh Starkey）はクリック・レポートが「マイノリティを描写する際に、あるいはアイデンティティーや多様性についての議論を行う際に、民主主義の基本的な価値である人権への関わりを避けて通っている」[4]と批判している。同様に北山（2014）は「マイノリティを同等に統合するのではなく、マジョリティに迎合させるというプロセスの構想が含意され」人種差別などを理由に討議的民主主義に能動的に参加できない者が、周縁化され排除される危険性があることを指摘して

いる⁽⁵⁾。

　これらオスラーらの批判に対して、藤田はクリックが「政治リテラシー」が前提とする価値として提唱した「手続き的価値」＝「自由」「寛容」「公正」「真実の尊重」「理由を示す議論の尊重」のうちの「寛容」に注目して次のように反駁している。「『寛容』についていえば、言葉の使われ方からは、マジョリティのマイノリティに対する配慮や許容というニュアンスがあり、平等な議論を想定することは難しい。『手続き的価値』の中で『寛容』という言葉が用いられていることを、マイノリティを排除しようとする表現だととらえることもできる。しかし、『寛容』だからこそ話し合う必要が出てくるのである。常に問う姿勢を忘れず、ともに考えようとすることに意味がある」⁽⁶⁾と。さらに続けて、つまり寛容とは「自身が現在選んでいるものは一つの選択肢であること、他の選択肢の可能性もあることの自覚」であり、「重要なのは、その選択が唯一絶対ではないこと、その選択は何らかの絶対的な根拠に基づいてなされているわけでもないことの自覚と受容」であると説明している。そのためには、自分以外の立場を想定し、その立場から自分へどのような反論が出されるかを考える活動が必要になる。

　「政治的リテラシー」を涵養する教育の留意点として、以上のことが明らかになってきた。

　以上を踏まえて、政治的リテラシーを涵養するに当たって時事問題的な論争問題学習を通して「争点を知る」ことが重要であるというクリック，B．の提案を確認し「『関心や意見が異なる』ことを前提にしながら、その差異をどのように埋めていくのか、その方法を考える」政治的リテラシーの概念を構築していく。

　これまで検討した先行研究から得られた考え方を生かして、実際の授業で子どもが学ぶ姿を想起しながら、子どもが学ぶ学習過程を基盤にして「政治的リテラシー」を定義することにした。ここに、筆者の捉えた政治的リテラシーの概念（表1）を示す。

この方法ならば子どもたちに指導する現場の教員には発想しやすく、「政治的リテラシー」の要素を漏れなく指導できる利点もあると考えられる。

表1　「政治的リテラシー」（小学生版）

【定義】
　「政治的リテラシー」とは、時事問題のような論争問題について争点を知ることで、争点に関する多様で多元的な反応・政策・対立を知り、争点や問題解決にかかわる重要な知識を生かして利害の異なる自他への影響を考えながら、根拠を明らかにして主張したり、反論を想定しながら聴いたり、応答しながら反駁をしたりして、自分の「判断の規準」（価値観）にしたがって意思決定を行う能力のことである、とする[7]。

　さらに「政治的リテラシー」の要素[8]＝評価規準をクリック，B.の「政治リテラシーの樹形図」や、子どもたちの学習過程から再構成を試みた。以下のⅰ～ⅳである。

　　ⅰ＝社会的事象や時事問題の対立点、論点や、それらの背景となる基本的事実を理解する。

　　ⅱ＝社会的事象や時事問題の対立点、論点について、多面的（他者の視点）な見方で考え、自分の考えへの反論を想定する。

　　ⅲ＝読みとった情報・知識を、自分の主張の根拠にして聴き合い話し合う。

　　ⅳ＝様々な立場の人が幸せになれる条件を考えて決定する。

の4点である。これらの要素ⅰ～ⅳは、同時に評価規準にもなる事項である。

　「争点を知る」ことは「政治的リテラシー」の要である。そこで時事的な論争問題の争点を知ることと、討議し考えを深めるために必要となる知識について見通しをもつことを期待して設定したのが「ⅰ＝社会的事象や時事問題の対立点、論点や、それらの背景となる基本的事実を理解する」という要素である。

　次に社会には利害の異なる様々な立場の人々がいることを了解した上

で物事を考えなければならず争点に関するさまざまな反応・政策・対立を知ることを気づくように期待して「ⅱ＝社会的事象や時事問題の対立点、論点について、多面的（他者の視点）な見方で考え、自分の考えへの反論を想定する」という要素を設定した。争点に対して自分の立場を明らかにすれば、自分とは異なる意見や主張をもつ人々のことを考えるようになって「多面的（他者の視点）な見方で考える」ようになり、自分の考えに対して反対意見を想定することも可能になることを見通して設定した。「政治的リテラシー」が前提とする手続的価値の一つである「寛容」とは、「自身が現在選んでいるものは一つの選択肢」にすぎず、「唯一絶対ではないこと、その選択は何らかの絶対的な根拠に基づいて」いるわけではないことへの「自覚と受容」のことだと言われる[9]。「寛容」を生かすためには、他者の声を聴く態度、自分に対して反論・異論が出されることを想定できるダイアローグの力も必要になる。

　さらに「根拠を明らかにして主張したり、反論を想定して聴いたりして、自分の判断の規準（価値観）にしたがって意思決定を行う」ためには、収集した情報を自分の主張の根拠にして、他者と能動的にコミュニケーションを図ることが必要になる。そこで「ⅲ＝読みとった情報・知識を、自分の主張の根拠にして聴き合い話し合う」という要素を設けた。

　最後に「利害の異なる自他への影響を考えながら、『判断の規準』にしたがって意思決定を行う」ためには、広い視野から様々な立場の人が不利益を被らないように他者へ配慮して折り合いをつける価値判断・意思決定する態度とともに、様々な政策案の選択肢をそのまま鵜呑みにせずに、より良く改良しようとする批判的な思考も必要になると考えた。実際の政治や社会では、条件を示しながら積極的に妥協しながら物事を決めていく場合が多いことに鑑みると、他者と折り合いをつけ、様々な立場の人々が幸せになれるように思考する能力の伸びを測ることも視野に入れて評価規準を作成する必要があると考えられる。

第3節　政治的リテラシー教育の枠組
　－論争問題学習諸類型の枠組との比較－

　前節で示した i ～iv に基づく「政治的リテラシー」を涵養する学習において子どもたちは時事問題について実際に論争を行う。

　「政治的リテラシー」を育成する学習と論争問題学習にはいかなる相違点や共通点があるのか。論争問題学習の先行研究を分析した研究によれば、水山（2003）の合意形成の社会科学習と、溝口（2002）の開かれた価値観形成の社会科学習が対立的にとらえられ、比較・検討されている[(1)]。

　溝口は「論争問題学習」を整理する枠組として、縦軸に論争を「理解する（Understanding）」か「行う（Doing）」か、横軸には論争の「内容（Content）」か「形式（Formula）」かを表して4つに類型化している（図1参照）[(2)]。彼は開発（実践）された授業計画（実践）の具体例を、分析・整理するために枠組を作成している。

　本研究で事例とする「発電方法の未来を考える」「原子力発電所の再

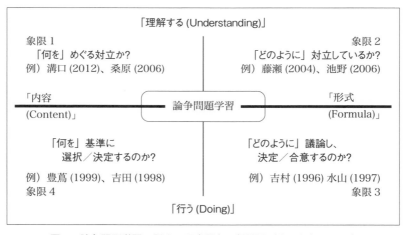

図1　論争問題学習に関する研究関心の相関図（溝口和宏、2015）

稼働をどうするか」の実践はこの枠組では「〈何を〉基準に選択／決定するか」を重視する第４類型の授業と考えられる。しかしこの枠組にはいくつかの問題点がある。

「政治的リテラシー」は複数の類型にまたがり、必ずしもこの４類型のどれか１つには収まりきれない場合もある。そのため、縦軸と横軸のどちらを優先して分類するのか自覚して用いる必要があると考える。

問題点の１点目は、同じ「行う（Doing）」に属する第３・４象限の「〈どのように〉議論し、決定合意するか」と「〈何を〉基準に選択／決定するか」という類型を切り離して考えられるのかということである。「〈何を〉基準に選択／決定するか」が明らかになると、「〈どのように〉議論し、決定合意するか」が行いやすくなる。つまり、第３・４象限はセットにして考えることが合理的と考えられる。同様に、第１・２象限もセットとして考えられる。したがって、横線を太線にして象限を上下に分割してみたほうがわかりやすいだろう（図１の横太線参照）。

問題点の２点目は、第１・４象限両方を、「政治的リテラシー」を育成する学習と考えた方が合理的ではないかということに関わる。

なぜならば、「政治的リテラシー」は合意形成（第３象限）よりも、争点を知り論争を行うことを前提とする概念であることから、第１象限の「〈何を〉めぐる対立なのか」にも親和性があるからである。そうすると縦線を太くして象限を左右に分割したほうがわかりやすい（図２の縦線参照）。

以上のことから溝口の分類方法を「政治的リテラシー」に寄せて問い直す方向性が見いだせる。「政治的リテラシー」の要は、争点を分析して主な「争点を知る」ことであるから、横軸よりも上の象限を【主な「争点」を「知る」】（Analysing Issues）とする必要がある。

元々第１・２象限の類型は、既存の価値観や争点を理解することに重点が置かれていたころからみても「主な」を付け加え既存の争点を知る、すなわち相対的に理解することに主眼を置き客観性が強いことを明確に

する必要がある。

　次に横軸の下の象限は、どこに「争点」があるのか分析して争点を決めて論争に「立ち向かう」活動が中心になる。「立ち向かう」は既存の争点を知るだけでなく、自分たちで争点を決めて論争するという意味である。そこで横軸の下の象限は【「争点」に「立ち向かう」】（Confronting Issues）とする（図2参照）。こうして相対的に子どもの主体性が強いことを明確にした。

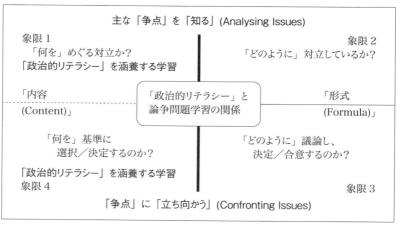

図2「政治的リテラシー」を涵養する論争問題学習（岡田泰孝、2016）

　「発電方法の未来を考える」「原子力発電所の再稼働をどうするか」の実践において当初教員は新安全基準に合格した原発は再稼働するべきか否かを「争点」にしようと考えた。しかし実際には、子どもたちが「人間の命の安全」、「故郷に帰れない悲しみ」と「安全基準に合格した原発の再稼働」のどちらを優先するのかということを「争点」にしていった。

　以上のことから、溝口の分類に修正を加えつつ論争問題学習との関係を踏まえて、「政治的リテラシー」を育成する学習とは「判断の規準」に基づいて自分たちで「争点」に「立ち向かう」ことであるということ

を述べた。

【補註】

第1節

(1) 総務省（2011）「常時啓発事業のあり方等研究会」最終報告書、p.5

(2) 前掲、総務省（2011）「常時啓発事業のあり方等研究会」最終報告書、p.6

(3) ハンナ・アーレント著、ロベルト・ベイナー編、仲正昌樹訳『カント政治哲学講義録』明月堂書店、原著は1982年発行、翻訳版は2009年発行。宮﨑裕助（2009）『判断と崇高　－カント美学のポリティクス－』知泉書館など

(4) 藤原孝章（2006）「時事問題学習の現代的意義と単元開発の方略」『同志社女子大学総合文化研究所紀要』第23巻、p.82。また今井誉次郎（1984）『農村社会科カリキュラムの実践』ほるぷ出版［初出は牧書店（1950）である］］は、農村から垣間見える日本社会の問題を直接的に取り扱おうとしていた。

(5) 岡部雅子（2019）「チョコレートを買うとき、何を気にして選ぶ？」お茶の水女子大学附属小学校・NPO法人お茶の水児童教育研究会（食育・家庭・社会部）『独りで決める、みんなで決める』pp.72-79

(6) 文部科学省（2017）『小学校学習指導要領（平成29年告示）解説　総合的な学習の時間』p.29

(7) 小玉重夫は「実質的にそれが論争的課題の教育に言及しているのだとすれば、それを発展させることで、政治的リテラシーを道徳教育のかなめの一つに位置づけることも不可能ではないはずである。そこにこそ、道徳とシティズンシップ教育が連携する可能性があると私は考える」と述べ、「特別の教科道徳」が「政治的リテラシー」を育成するシティズンシップ教育に連携できる可能性があることを示唆した。小玉（2014）「道徳とシティズンシップ教育の連携可能性」公益財団法人　明るい選挙推進協会『Voters』No.19、p.2

(8) 前掲、総務省（2011）「常時啓発事業のあり方等研究会」最終報告書、p.6

(9) 1969（昭和44）年10月31日、文初高第四八三号　各都道府県教育委員会教育長・各都道府県知事・付属高等学校をおく各国立大学長・各国立高等学校長あて　文部省初等中等教育局長通達「高等学校における政治的教養と政治的活動について」

(http://www.mext.go.jp/b_menu/shingi/chousa/shotou/118/shiryo/attach/1363604.htm)　最終閲覧日：2019/09/01

(10) 西岡加名恵（2017）「序章　戦後日本カリキュラム論の史的展開」田中耕治編著『戦後日本教育方法論史　下巻　－各教科・領域などにおける理論と実践－』ミネルヴァ書房、pp.5-6

(11) 2015（平成27）年10月29日　27文科初第933号　各都道府県教育委員会　各指定都市教育委員会　各都道府県知事　附属学校を置く各国立大学法人学長　高等学校を設置する学校設置会社を所轄する構造改革特別区域法第12条第1項の認定を受けた各地方公共団体の長殿　文部科学省初等中等

教育局長小松親次郎「高等学校等における政治的教養の教育と高等学校等の生徒による政治的活動等について（通知）」(http://www.mext.go.jp/b_menu/hakusho/nc/1363082.htm) 最終閲覧日：2019/09/01

(12) 同上、2015（平成 27）年 10 月 29 日　27 文科初第 933 号

(13) スウェーデンの政治教育にかかわるデータは、「民主主義教育研究会 2019 vol.2」2019 年 9 月 22 日（日）14 時〜17 時、首都大学東京・秋葉原サテライトキャンパスで配布された資料によるものである。講師は両角達平(https://researchmap.jp/tatsuhei-morozumi/) であった。

(14) 笠原一哉（2017）「主権者教育における政治的中立性の確保に関する一考察　―学校教育における新聞活用の課題を考える―」『四天王寺大学紀要』第 63 号、pp.146-147 によれば、本事件の概要は以下のとおりである。

2015 年 7 月 4 日付『毎日新聞』朝刊によると、同年 6 月、ある山口県立高校の「現代社会」の授業で、当時国会で審議されていた安全保障関連法案が扱われた。この授業では『日本経済新聞』と『朝日新聞』の 2 紙を教材として用いて、同法案に関する政府与党と野党の主張等を学んだ後、賛否を問う模擬投票が行われ、反対を主張するグループが最多の票を獲得した。ところが翌 7 月の県議会で自民党県議がこの授業を取り上げ、「政治的中立性が問われる現場にふさわしいのか疑問」として県教委の認識について質問したところ、県教育長は「法案への賛否を問う形になり、配慮が不足していた」と答弁し、その後の記者の取材に対して「配布した資料が新聞 2 紙では少ない。全体像が完全でない資料を使い、かつ時間も十分でない形で投票させた。高校生に賛否を問うこと自体、私自身は微妙だ」と答えたという。

(15) 文科初第 933 号「高等学校等における政治的教養の教育と高等学校等の生徒による政治的活動等について（通知）」

(16) 前掲、総務省（2011）「常時啓発事業のあり方等研究会」最終報告書、p.5

(17) 「主権者教育の推進に関する検討チーム」最終まとめ〜主権者として求められる力を育むために〜（平成 28 年 6 月 13 日）

(18) 文部科学省 website「改正後の教育基本法と改正前の教育基本法の英訳（試案）」には以下の記述がある。Article 14　The political literacy necessary for sensible citizenship shall be valued in education.（http://www.mext.go.jp/b_menu/kihon/data/07080117.htm）最終閲覧日：2019/07/04

(19) クリック, B.（2011）「政治リテラシー」関口正司〈監訳〉『シティズンシップ教育論』法政大学出版局、p.89-90

(20) 文部科学省 website、総合教育政策局地域学習推進課 > 青少年の健全育成 > 主権者教育の推進 > 参考資料 > 幼児期から高等学校段階 > 取組事例に小学校の事例が紹介されている。http://www.mext.go.jp/component/a_menu/education/detail/__icsFiles/afieldfile/2016/05/19/1369950_02.pdf　その事例は、以下の内容である。最終閲覧日：2019/07/03

```
┌─────────────────────────────────────────────────────────────┐
│                   小学校社会科における取組例                    │
│                        取組の概要                              │
│    小学校社会科において、廃棄物の処理に関わる対策や事業に関する学習 │
│  を通じて、地域社会の一員として、地域の人々の願いを実現するための、 │
│  関心・意欲・態度を育む。                                       │
│                                                               │
│  取組のねらい                                                  │
│  廃棄物の処理に関わる対策や事業が地域の人々の健康な生活や良好な生活 │
│  環境の維持と向上に役立っており、住みよい環境の中で、人々が健康的に │
│  暮らすために、自分自身は何ができるのかを考えることができるようにす │
│  る。                                                          │
│                                                               │
│  取組内容                                                      │
│  ○家庭から出るごみを把握する                                    │
│    ・家庭ごみの種類や量、その処理について観察し、ノートにまとめる   │
│  ○ごみの処理について調べる                                      │
│    ・ごみ収集に携わる人の苦労や工夫                              │
│    ・ごみ処理の仕組み                                           │
│    ・リサイクル工場ではたらく人々の努力や工夫                     │
│    ・ごみの出ない循環する社会                                    │
│    ・リサイクルされたごみの行方                                  │
│    ・燃やされたごみの行方                                        │
│    ・ごみを減らすための取組                                      │
│  ○ごみを減らすためにできることをまとめる                        │
│    ・住みよい町にするために、自分たちにできることを考え、表現する   │
└─────────────────────────────────────────────────────────────┘
```

(21) 前掲、文部科学省 website、註（19）に同じ

(22) 文部科学省（2017）『小学校学習指導要領』p.50、2 内容－（2）－ア－（イ）

(23) 文部科学省（2017）『小学校学習指導要領』p.52、その 3　内容の取扱い
　　－（1）

(24) これらの考え方の方向性を示したのは小西正雄（2003）「教育課程開発へ
　　提言－社会的自己認識を育てる市民科へ－」お茶の水女子大学附属小学校『児
　　童教育』第 13 号、pp.26-34 ならびに小西正雄（2018）「民主主義と社会科」『社
　　会認識教育研究』第 33 号、pp.1-10 などである。

(25) 岡田泰孝（2019）執筆分担「『社会を見る 3 つの目』を育てることと、民
　　主主義社会を支え生きていくことの関係を教えてください」お茶の水女子大
　　学附属小学校・ＮＰＯ法人お茶の水児童教育研究会、食育・家庭・社会部会
　　（2019）『独りで決める、みんなで決める』pp.146-147

(26) カール・シュミット著、稲葉素之訳（1972）「第 2 版へのまえがき　議会
　　主義と民主主義の対立について」『現代議会主義の精神的地位』みすず書房、

p.14

(27) 池野範男（1998）「教育課程改革を授業レベルで考える⑤（教師の指導と役割）」広島大学附属小学校教育研究会『学校教育』No.967、渡部竜也（2019.6.1）「『民主的で平和的な国家・社会の形成者』を育成するのに必要な見方・考え方とは何かを本当に考えたことがありますか？―学問絶対主義の貧困―」「日本教育方法学会第22回研究集会発表資料」pp.3-4 にも同様の考え方が示されている。

(28) 藤井剛（2015）「主権者教育の諸問題」『明治大学教職課程年報』第38号、pp.91-102。大学生でもこのような思いをもつことを考えると、小学生にとっては国政選挙の模擬投票はかなりの負担になることが想起される。

(29) 前掲、藤井剛（2015）

(30) https://www.nhk.or.jp/senkyo/database/shugiin/2017/kouyaku/seisaku/（最終閲覧日：2019/07/04）

(31) 公益財団法人明るい選挙推進協会（2016.12）『Voters』35号、p.7

(32) 文部科学省（2017）『中学校学習指導要領』p.61、その3－内容の取扱い（1）－エより

第2節

(1) 水山光春（2009）「政治的リテラシーを育成する社会科―フェアトレードを事例とした環境シティズンシップの学習を通して―」日本社会科教育学会『社会科教育研究』第106号、p.1-13
　なお、引用文中の註13は、Department for Education and Employment、The National Curriculum for England、DFEE/QCA、1999、［1.9］p. 8. のことである。同様に註14は、クリック, B . (2004)『デモクラシー』岩波書店、p.198 のことである。

(2) 前掲、水山（2009）、p.3

(3) 藤田裕子（2011）「イギリスにおけるシティズンシップ教育の展開とクリック報告―政治的リテラシーの意義―」大阪市立大学教育学会『教育学論集』37巻、pp.12-20

(4) オードリー・オスラー、ヒュー・スターキー（2009）『シティズンシップと教育　―変容する世界と市民性―』勁草書房、p.121

(5) 北山夕華（2014）『英国のシティズンシップ教育』早稲田大学出版部、p.73

(6) 前掲、藤田（2011）

(7) 岡田泰孝（2016）「『政治的リテラシー』を涵養する小学校社会科学習のあり方　―時事的な問題を『判断の規準』に基づいて論争する―」日本社会科教育学会『社会科教育研究』129号、p.15

(8)「要素」は、エレメントとストランドの両方の単語が当てられている。共に似た概念で意味も重なる。クリック・レポートでは、「エレメントはストラン

ドに含まれ、学習成果の基礎をなしている」と述べられている。本稿では混乱を避けるために「要素」で統一する。水山光春（2013）「エネルギー・デモクラシーのための市民教育の枠組みを考える（Ⅱ）」『京都教育大学環境教育研究年報』第 21 号、pp.13-15 を参照した。

(9) 前掲、藤田（2011）、p.17

第3節

(1) 大杉昭英（2011）「社会科における価値学習の可能性」前掲『社会科研究』第 75 号、p.1

(2) 溝口和宏「わが国における『論争問題学習研究』の動向と課題」代表・広島大学教育学研究科・池野範男、科研費研究プロジェクト『多様性と民主主義を視点としたシティズンシップ教育の国際比較研究　論文・発表資料集』（2015 年 4 月 18 日　於　岡山大学）

第 2 章
政治的リテラシー教育の
内容・方法・評価

第1節第1項の前半では「政治的リテラシー」を育成する学習内容を検討する。また後半では、政治的リテラシーを10年近くにわたって研究し続けてきたお茶の水女子大学附属小学校が開発してきた学習内容について検討する。

さらに第1節第2項では、政治的リテラシーを育成する論争問題学習における「当事者性」育成の問題について、切実性、自分事、当事者性などの概念が、社会科教育の文脈でどのように論じられてきたのかを検討する。これは、序章において示した研究の視点「(4)また、子どもたちが真剣に考えようとするのは、どのような学習活動なのか」に相当する。そこでは社会科教育においては「当事者性」の育成がふさわしいことを明らかにする。

第2節では、論争問題学習の先行研究を整理しながら、小学生の発達段階にふさわしい「判断の規準」に基づいた学習の「熟議的転回」学習論への再定位を試みる。これは、序章において示した研究の視点「(3)実際の政治問題を授業で取り上げる際に、政治リテラシーを育成する上で子どもたちが取り組む学習活動とはいかなるものか」に相当する。

第3節では、政治的リテラシーの評価方法について実践に基づいて提案する。これは、第1章において示した研究の視点「(5)政治リテラシーをどのような規準や基準で評価するのか」に相当する。具体的には、アウトカムを「パフォーマンス評価」する際の課題を明らかにし、その限界を補うために、「教育的鑑識眼」と「教育批評」とで補う方法を提案する。

第1節　政治的リテラシーを育成する学習内容と「当事者性」

第1項　政治的リテラシーを育成する学習内容

第1章において主権者教育で育てたい「政治的リテラシー」を実態化

するために、または小・中・高の主権者教育の接続と連続性を図るために、実際の政治について学ぶ機会は高校生では遅く、もっと早い段階から行うことが求められると主張してきた。

　日本の『小学校学習指導要領（2017）』（社会）は、国政にかかわる政治的な学習は6年生＝12歳からと定めているが、前節で確かめたように6年生未満では身近な地域において「自分自身は何ができるのかを考えることができるようにする」ことを目指すに過ぎず、対立が生じる論争問題学習ははじめから前提とされていない。

　この『小学校学習指導要領（2017）』（社会）からも明らかなように、学習内容と身につけさせたい資質・能力は相互に関連し合っていることが望ましいにもかかわらず、それらは一致していない。「常時啓発事業報告書」（2011）が指摘するのと同じく「政治的・社会的に対立する問題を取り上げ」る場合でも『小学校学習指導要領（2017）』とは身につけさせたい資質・能力が異なる場合が想定される。

　その例として、主権者教育を推進する桑原敏典ら（2015）の研究がある。桑原らは日本の政治的な教育の開始時期について、「政治教育のスタートが遅い理由の一つには、子どもは抽象的な思考が苦手であって、身近で具体的な事象にしか関心を持たないという固定化された見方がある。そのため、我が国においては、国の制度や仕組みが中心となる政治学習は小学校段階では敬遠され、身近な地域の政治的な現象を学ぶことに重点がおかれてきた」[1]と分析し、文部科学省の政治学習観を批判する。その上で、米国では「小学校段階から自由や権利といった政治に関する基本的な概念の学習」[2]に取り組んでいることから、日本においても政治学習のあり方を見直すことを提言している。そして授業実践として「子どもの医療費を無料化すべきかどうか、どのようにして決定すればよいのかを考えてみましょう」[3]という小学校5年生の教授書を提案している。そのねらいは、「人々の願いや要求は、それぞれの考え方や価値観によって異なるため、すべての願いや要求を実現することは困難であ

る。民主政治のもとでは、より多くの人の願いや要求を実現するように決定がなされる」ことを獲得させることにあるとする[4]。

　筆者は桑原らの提案する「子どもの医療費を無料化すべきかどうか」という「国の制度や仕組みが中心となる政治学習」に小学校段階から取り組むべきだという主張に賛同する。しかしながら本研究が目指す政治教育は桑原らが言うような「政治に関する基本的な概念の学習」ではない。「政治的リテラシー」に示した「自分の『判断の規準』（価値観）にしたがって意思決定を行う」ことを目指している。

　またやや穿った見方かもしれないが「より多くの人の願いや要求を実現するように決定がなされる」ことを獲得することになると功利主義の「最大多数の最大幸福」追究主義に陥り、共同体における弱者救済などの諸問題が抜け落ちる可能性がないだろうか。

　この「より多くの人の願いや要求を実現する」という考え方は「政治的リテラシー」の要素＝「評価規準ⅳ＝様々な立場の人が幸せになれる条件を考えて決定する」に近いと考えられる。桑原らが小学校高学年に地方自治を基盤にした時事的な論争問題学習を組み込んだところに、本研究が目指す「政治的リテラシー」育成の発想との親和性はあるものの、本研究では「より多くの人の願いや要求を実現する」のではなく、「様々な立場の人が幸せになれる条件」に拘りたいと考える。

　ここで功利主義の「最大多数の最大幸福」追究主義について検討しておく。児玉（2012）は「『最大多数の最大幸福』をスローガンとする功利主義が、より多くの人々が幸福に暮らす社会をつくるための改革の思想であったことを忘れないで欲しい。今日においては、『最大多数の最大幸福』というスローガンは、ややもすると『少数派の犠牲の上に多数派が幸福になるための思想』と理解されがちだが、元々の精神はそれとは正反対のものである。むしろ、功利主義は政策決定において、それまで、ほとんど無視されていた労働者、奴隷、女性など多くの人々の幸福も等しく考慮に入れるべきだと主張する立場だった」[5]と述べる。確か

に歴史的な文脈やそもそも論に立ち返れば、このような児玉の主張は正しいのであろう。しかしそれが現代のどのような場面でどのような判断に際して適用されるのかがより重要な問題なのではなかろうか。

先述した桑原他が作成した教授書では「自分たちの市で、現時点では医療費が無料化されていないのはなぜだと思いますか。もし、無料化するならば、どのような問題を解決しなければなりませんか」(p.98) と問うている。「それまで、ほとんど無視されていた」子どもの「多くの人々の幸福も等しく考慮に入れる」という発想で指導計画が作成されているにもかかわらず、指導案の「生徒の反応・獲得させたい知識」欄にはそのような社会的弱者擁護の発想の言葉が出てないのである。本事例が示すとおり、功利主義の善し悪しは現代的具体的な社会的文脈を通して評価することがふさわしいと考える。

そこで、お茶の水女子大学附属小学校市民部・社会部がこの問題にどのように取り組んだのか検討する。同校「市民」部（社会部の前身）・社会部では、「政治的リテラシー」を育成する上で望ましい学習内容について以下のようなコンセプトを打ち出していた。それが、ア～ウの内容である[6]。

　　　ア－「時事的な社会事象について、他者との差異や葛藤を感じる問
　　　　　題」を扱う内容
　　　イ－「他者との差異や葛藤を感じる問題」を扱う内容
　　　ウ－「他者との差異を認め広げる」ことが可能な内容

本研究に最も関連が深いのが、ア－「時事的な社会事象について、他者との差異や葛藤を感じる問題」を扱う内容である。その具体例は、「諫早湾の干拓をどう考えるか」、「米の生産調整をどうするか」、「原子力発電所の再稼働をどう考えるか」、「子ども手当支給をどのように考えるか」、「普天間アメリカ軍基地の辺野古への移設をどう考えるか」、「TPP

に賛成か反対か」、などの時事問題を取り上げた内容である。

　このような題材の学習では、子どもが実際に政治や社会で起きている問題について向かいあえるようにすることで、市民としてよりよい社会づくりについて関心を深めることができる。また、社会的な問題の解決や、政策の選択においては、必ず不利益を被る人々の存在があることに気づかせることができる内容である。

　お茶の水女子大学附属小学校市民部・社会部が示す学習内容は「最終報告書」(2011) が示した「政治的・社会的に対立する問題を取り上げ、政治的判断能力を訓練する」ことに適合した内容と言えよう。

　政治教育で求められていることは、実際の政治について時事的論争問題や恒常的論争問題を、小学校段階から学ぶことである。時事的な論争問題は、有権者でも一人だけで学ぶことだけでは自分の考えをもつことが難しいことが多い。しかしそれらが学校教育の学習材になると、子どもたちは、教室内の他者との考え方の異なりやズレをもとに、社会の様々な人々の幸せを考えて学習に向き合っていけるのである。

　このように、お茶の水女子大学附属小学校が実践する、アー「時事的な社会事象について、他者との差異や葛藤を感じる問題」を扱い、正解がない時事的な論争問題について「小学生のわたしなりの答え」にたどつく学習を積み上げることで、中・高校生、有権者になった時に、改めて答えを探究していく基盤になると考える。むしろ、具体的で時事的な論争問題の争点に向って話し合い聴き合う活動だからこそ、小学校段階から行って積み上げる方が、子どもたちも無理なく学べるのではないだろうか。

　以上のように、小学校段階から「政治的リテラシー」の育成を行う必要性をとらえつつ、小学校における様々な時事的な論争問題の実践を「政治的リテラシー」を育成することに位置づけ直して、さらに広げていくようにしたい。

　なお、お茶の水女子大学附属小学校市民部・社会部が示す学習活動で

は、予め社会参加を想定していない。その理由は、予め社会参加を想定することによって、教師が子どもに社会参加を押しつけて、社会参加が動員に転化する恐れがあるからである。この点について、小玉（2015）は、クリックが「政治的リテラシー」を重要視した理由を次のように指摘する。「『社会的道徳的責任』や『共同体への参加』だけだと、シティズンシップ教育はともすれば『奉仕活動一辺倒』になりがちで、それは国家、社会や共同体にとって都合のいい『単なる使い捨ての要員』を育てるだけになってしまう。だから、『政治文化の変革を担う積極的な市民（アクティブ・シティズン）』の育成をこそシティズンシップ教育の中心に位置づけるべきであると主張している。そのためには「政治的リテラシー」（政治的判断力や批判能力）を中心とする政治教育が必要である」と。すなわち日本のように、奉仕活動を上から押しつけることへあまり抵抗感をもたれない雰囲気の社会では、予め社会参加をプログラムに組み込んでしまうと、それは簡単に「奉仕活動一辺倒」になりがちなことへの警鐘を鳴らしているのである[7]。

第2項　政治的リテラシーと「当事者性」

(1)「当事者性」にかかわる研究課題

　主に価値判断や意思決定を伴う論争問題型の社会科授業の研究協議会では「子どもたちは話し合ってはいるが、切実性が感じられず、当事者性が弱いのではないか」、「今日の授業では、子どもたちが真剣に討論し、当事者性があって良かった」という類いの発言が必ずといってよいほど投げかけられる。

　価値判断や意思決定する力を子どもたちに「政治的リテラシー」を育成するために、社会的論争問題型学習がある。その学習で学んでいる際、子どもたちは論争問題を他人事にせずに真剣に考えているのだろうか。この課題については、「切実性」や「当事者性」という観点から、社会科教育研究でも論じられてきた。そこで本研究においても上記の観点に

ついて検討してみたい。

　「当事者性」とは一体どのような概念なのであろうか。それが明らかにされないまま、この議論がなされていると思われる。「切実性」という言葉についても、全く同じ問題を抱えていると考えられないであろうか。このような出来事に代表されるように、事象を我事としてとらえる表現、つまり「当事者性」や「切実性」とは一体いかなることを示し、両者にはどのような差異があるのであろうか。ここでははじめに論争問題学習型社会科における「当事者性」の研究課題を概観してみたい。社会科教育研究において「当事者性」の概念が明確になったと仮定した場合、小学校３・４年生のように自分が住む地域の題材について学ぶ場合ならば「当事者性」を涵養しやすいと考えられる。しかし日本全国の事例について学ぶ５年生、──例えば、東京在住の子どもが山形県庄内平野の稲作の未来を考えて、農業を盛んにする方法を提案するなどの学習活動が想定される──では、物理的に距離が遠いゆえに子どもたちの「当事者性」は低く、高めるのは難しいと考えるのが普通であろう。それにもかかわらず、このような議論が起きる授業の協議会が存在する背景にはどのような教員の意識が隠されているのだろうか。それらを明らかにしないまま、このような「当事者性」の議論が続けられるのは社会科の授業研究のあり方としても望ましいとは思われない。さらに問題なのは、「当事者性」が育ったか育っていないのかはいかなる評価規準によって評価されるのかも不明瞭なままこのような議論が続けられていることである。

　社会科学習における「切実性」の先行研究としては、有田－長岡の切実性論争があり、子どもの「当事者性」の先行研究としては藤瀬の社会問題学習への提言がある。

　有田－長岡の切実性論争[(8)]で問われたのは、有田のネタ的な学習問題は、自分にとっての切実な問題に向かって子どもが「当事者」となって学んでいるのかという点であった。論争では追究の主体的な学び手を育

てるという意味において、有田のネタ的な問題は〈切実になる〉問題として評価されたが、本論争の真の争点は、ネタ的な問題で本当に公民的資質を育成できるのかという社会科の資質・能力育成の問題だと考えられている(9)。

　社会科の資質・能力の問題にかかわり、藤瀬（2004）は経済学習において子どもたちが「既存社会のあり方を絶対視する社会の傍観者として育成される」ことを危惧し社会問題学習への転換を提唱した。藤瀬は「社会問題を学習するということは、当事者として社会形成のプロセスを辿ることによって、既存社会のあり方を反省し、新たな社会の可能性を考えること」とした(10)。彼は子どもが現実の社会を絶対視する「傍観者」に留まらず「社会形成者」という民主制社会の「当事者」育成を指向した。有田が「切実性」を主体的な学び手の育成という教育方法から考えたのに対し、藤瀬は「当事者」の育成を、社会問題を解決する「社会形成者」の育成から考えており、社会科の資質・能力の問題に迫ろうとした。

　しかし、藤瀬の研究では「当事者」概念が必ずしも明確になっていなかった。社会参画型学習のように、子どもが地域社会の問題について実際に決定や提案できる場合ならば、子ども自身が直接的な「当事者」になることができる。しかし国全体にかかわるような子どもの生活から遠くで起きている問題の場合には、子ども自身が直接的な「当事者」になれるとは限らない。後者のような事態は普段の社会科学習で日常的に起きていることなので、子どもが「当事者」として学び解決することの意味を明らかにする必要がある。

　そこで次に「当事者」を巡る言説について検討する。1990年代以降、誰が本当の「当事者」たり得るのかという問いが注目されてきた。3.11に伴う福島第1原子力発電所事故後の原子力発電反対運動では、ある反原子力発電グループが他グループを反原子力発電を語る資格がないと攻撃する事例にも表れている。「当事者」問題にはこのように「当事者」

－「非当事者」論争が基底にある⁽¹¹⁾。反発原子力発電運動の「当事者」は一般的に、原子力発電所事故の被害者や避難者や福島県民と考えられるが、事故後に東京都の水道水から１歳未満乳児の摂取制限指標を上回る放射性物質が検出され、都民も「当事者」になったと考えられその範疇は定めにくい。このように「当事者」は誰かという論争そのものには人々を「当事者」－「非当事者」に分断する危険性を孕んでいる。

　松岡（2006）はこの二項対立的な論理枠組ではなく問題解決に寄与する（べき）人間としての「当事者」形成の観点から「当事者性」をキー概念として重要視する⁽¹²⁾。松岡は「『当事者性』を個人や集団の当事者としての特性を示す実態概念というよりも、『当事者』またはその問題的事象と学習者との距離感を示す相対的な尺度」や「『当事者』または、その問題との心理的・物理的な関係の深まりを示す尺度」と捉えた。この「当事者」と「当事者性」を峻別する考え方を生かすと以下のようなことが明らかになる。

　子どもたちは、論争問題の直接的な「当事者」にならなくても「問題的事象と学習者との距離感」や「心理的・物理的な関係」が近くなり深まれば「当事者性」をもって、その問題について判断し決定できる。つまり子どもが「当事者性」をもって学ぶことが「主体的な学び」なのである。「学ぶことに興味や関心を持ち…(中略)…粘り強く取り組み、自己の学習活動を振り返って次につなげる」⁽¹³⁾こととされる「主体的な学び」にするため教員は子どものラーニングを意識して授業をデザインする必要がある。特に論争問題学習では、子どもの生活から遠い社会・政治問題を議論する場合があるが、子どもたちは論争問題に出あったときには興味や関心もなく、考えももてないこともある。だからこそ自分とは異なる考えをもつ学級内の他者とのズレを「対話的な学び」を通して感じて、考えの異なる他者に対して自分の考えを分かって欲しいという切実性をもつように、教員が授業をデザインする必要があると考える。

　しかしながらこれらの主体的・対話的な学びは、論争問題学習の前提

として考えることでよいのではないだろうか。社会科の教員として目指すことは、子どもの生活から遠くで起きている問題で、子どもが直接の「当事者」になれなくても「その問題を考えたい」、「何とかして解決してみたい」と願える「当事者性」を育成することである。そのような「当事者性」を育成することが市民としての資質・能力を育成することにつながるように、授業をデザインすることに教員は心を砕きたい。

　伊藤（2010）は、子どもが社会科学習で学ぶ意味を見い出し難い根底には「学習が社会や自分と関わるという当事者性が欠如している」ことにあると指摘する[14]。伊藤は、温暖化問題と遠くツバルで起きている問題について、子どもが新聞記者「として語る」ことで「ストーリー性のある学習が生まれ、物語の紡ぎ出しを確実にする。学習者の学びの文脈の生成が可能」だと述べる。子どもと問題との「距離感」は近くなり、子どもが対象に没頭して記事を書いて読者に伝えたいと活動する姿が期待できて「当事者性」は高まるであろう。しかし新聞記者「として語る」内容が客観的事実ばかりの場合、自分自身の問題として受け止めて解決する「当事者性」は育つのか。むしろ、第三者的な語りを助長してしまうのではないだろうか。

　また、伊藤の構想は教材研究・指導案作成段階に過ぎず実践された子どもの姿で語られていないため、いかにして「当事者性」が育ったのか判然としない。そこで本研究では、子どもたちの学ぶ姿を通して「当事者性」が涵養される過程を明らかにすることを試みる。

（2）公共的な意思決定と「当事者性」の関係

　佐藤浩輔ら（2013、2015）は、先に述べたような利害関係の有無、関心の有無など「距離感を示す相対的な尺度」以外の尺度や視点を盛り込みながら、公共的意思決定場面における市民の「当事者性」の特徴を論じている[15]。以下要約して示す。

　「当事者」は一義的には当該地域住民か否かである。「当事者性」を問

題からの心理的・物理的距離と捉えるので、距離が近いほど「当事者性」が高い。「当事者性」が高いほど様々なことに考えを巡らせより慎重に判断する。逆に「当事者性」が低いほど熟慮せずにメリットを過大評価しデメリット（リスク）を過小評価する可能性がある。またある論争に強い利害関係をもつ人は、政策の方向性に強い関心と選好をもつ。利害関係の結果が自分にどの程度強い影響を与えるかを考えるのが「当事者性」で、利益と損害のどちらをもたらすのかを考えるのが「利害の方向」という要素である。すると、当事者性は関心の強さに、利害の方向は結果の選好にそれぞれ強い影響力をもつ。通常、当事者性の高さと関心の高さは一致するが、現実には、利害関係があるが関心がない、逆に利害関係はないが関心があるなど両要因が一致しない場合も検討する必要がある。「当事者性」のある判断の質について、行政主導の政策と自分の利害が一致する場合でも、単に個人的な利益が得られれば良いのではなく、公共的価値を規準に判断していると推察する。

（3）「当事者」と「当事者性」の関係

　自分以外の他者の利害など広い視野から公共的に考える市民を育成する社会科として授業実践に取り組む以上、個人的利害に固執せず公共的価値を意識した方が「当事者性」が高いとする佐藤らの考え方には妥当性がある。しかし、佐藤らの考え方で検討すべき課題もある。

　1点目は、論争の対象の施設や政策が物理的に遠い場合、人が身近な問題として捉えにくいことを強調する点である。そこで、「当事者性」の育成にむけて、物理的な遠さを埋め心理的に近づけるようにするために、授業で役割演技活動を行うことにする。

　2点目は、遠い距離で起きている論争問題の場合、子どもたちと論争問題との間の利害関係は小さいか無い場合が多く、関心が低いままで「当事者性」をもちにくい場合の対応を十分に想定してないことである。子どもたちはそれぞれに関心差が大きいという教室内の実態を生かして、

「利害関係をもつことの結果が自分にどの程度強い影響を与えるかを考えることが『当事者性』である」との佐藤らの知見を、距離的に遠い地域の論争も学ぶという教育現場の文脈に置き換えて修正する。すると「論争問題の結果が、自分が『当事者』と考えた人々にとって、どの程度強い影響を与えるか、関心をもって考え判断できることが『当事者性』である」ということになる。子ども自身は、その地域や政策と直接的な利害関係は少ない、または無い場合も多い。しかしその地域や政策と直接的な利害関係をもつ人々＝直接的な「当事者」について、その論争や政策が「当事者」に与える影響について学び、関心を高めることは、社会科で十分に可能である。子どもたちは「当事者」となる人々を選ぶことによって、その人々が社会的に置かれた立場と当該論争や政策が与える影響などを「関心をもって考え判断」できると考える。ただし「当事者」となる人々を選ぶ上で、子ども自身が揺さぶられることを通して、本当にその人々が「当事者」と言えるのかを問い直す場面が必要になる。そのために自分と他者が「当事者」として選んだ人が異なるような学習場面が必要になる。また複数の「当事者」候補がある場合にも、個人的な価値だけでなく公共的な価値も規準にして判断できる場面の設定も必要になる。

　これらの点については、実際の授業に基づいて、第3章で詳しく述べたい。先行研究の知見に基づき本研究では、

> 　「ある論争問題の結果が、自分が『当事者』と考えた人々に、どの程度強い影響を与えるか関心をもって考え判断できることが、『当事者性』がある状態である。また、自分が『当事者』と考えた人々への影響を考え判断する際に、単に個人的な利益だけではなく様々な立場の人々の状況を考えていることが、『当事者性』が高い状態である。さらに、自分が『当事者』と考えた人々への影響を考え判断する学習を繰り返すことで、自分（子ども）は、論争問題への関心を益々高め、自分と論争問題や当該政策との利害を考えるようになることである」[(16)]

と「当事者性」を捉えて提案する。この捉え方に基づいて、実際に行

われた授業においてなされた子どもの発言や記述を詳しく読み解くことにする。

第3項　政治的リテラシー教育と政治的中立性

　教育基本法14条第1項は「良識ある公民として必要な政治的教養は教育上尊重されるべき」であるとしており、「政治的リテラシー」涵養教育は保障されている。しかし第2項では「法律に定める学校は、特定の政党を支持し、又はこれに反対するための政治教育その他政治的活動をしてはならない」とされ、学校が特定政党を支持する教育を禁じ政治的中立性を定めている。我が国で「政治的リテラシー」を育成する教育が広まらなかった問題の原因は、この第2項ばかりが注目されてしまったからであることは第1章でも述べた。

　教員が自分の政治的見解や支持政党の利点だけを伝える授業や、逆に自分の政治的見解と対立する政党への反対意見だけを一方的に子どもに伝える授業に対して、教育の政治的中立の観点から市民の多くが問題を感じることは想像に難くない。筆者も実践した「原子力発電所再稼働論争」や「普天間アメリカ軍基地の辺野古への移設をどう考えるか」などの内容を取り上げた授業では、様々な立場の資料を配付し、子どもたちの反応は多様で複数性が保障されており、十分に中立性が保たれるように配慮している。しかし、「原子力発電所再稼働論争」や「普天間アメリカ軍基地の辺野古への移設をどう考えるか」などの内容を授業で取り上げたこと自体が「教員が政治的中立性を犯している」と看做されかねないという危機感を感じることがある。

　文科省通知（2015）「高等学校等における政治的教養の教育と高等学校等の生徒による政治的活動等について」によって「現実の具体的な政治的事象も取り扱い、生徒が国民投票の投票権や選挙権を有する者（以下「有権者」という）として自らの判断で権利を行使することができるよう、具体的かつ実践的な指導を行うこと」が、推奨されているのにもかかわ

らず「現実の具体的な政治的事象も取り扱」わない場合の教員の責任を
どのように考えればよいのだろうか。

　このことについて田中（2016）は、ハンナ・アーレント（Hannah Arent）の暴力論を手がかりに、教師は「『権威』を有するからこそ、『世界』を理解する多様な可能性を子どもから奪ってはなら」ず、教育者に求められているのは、「『権威』を放棄すること」ではなく「『世界』を理解する複数の可能性を開く」ことだと意味づけている[17]。ここから示唆されるのは、教員は子どもたちの多様な声が湧き出るような題材と資料の準備を行うことで子どもの「政治的リテラシー」を育成する授業に自信をもつことだと考える。

　これに関連し、教員に課される役割として示唆を与えるのがガート・ビースタ（Gert Biesta）の「中断のペダゴジー」である。「中断のペダゴジー」においては「教育は与える過程であることを止め、問いを発する過程へ、難問を発する過程へと転化する」といわれる[18]。

　本研究で取り上げる実践授業においても、教員は学ぶ場や環境の設定は行うが当該時事問題について「みなさんはこれについて、どう考えますか」と発問する役割を遂行し続けている。これは子どもを「もう一人の自分との対話によってこれまで自明と思ってきたことを立ち止まって再考する」[19]ことができる"考える市民"、"学び手"として主体化することを意味する[20]。

　その後ビースタは"Teaching As Dissensus"[21]という考え方——不和（非合意）を顕在化する教授法——を示した。つまり教員の役割は、敢えて子ども間に存在する不和を顕在化させて対話を活性化させることだとした。本研究で行われた授業実践はこの不和（非合意）を顕在化する教授法といってもよいだろう。

　このように時事問題を取り上げる教員は子どもたちに「『世界』を理解する複数の可能性を開く」役割を自覚することや、「敢えて子ども間に存在する不和を顕在化させて対話を活性化させる」教授法を駆使する

ことによって、教室という政治空間に中立性を保つことができるのである。

第2節　政治的リテラシーを育成する学習方法
－「判断の規準」に基づいた論争と「熟議的転回」－

　小学生という発達段階を考えた時、原子力発電所の再稼働のような複雑な事実や科学的知識、入り組んだ利害関係などの背景をもつ時事的な論争問題について考えやすくするためには、学習をどのように進めればよいのだろうか。そのためには漫然と論争するのではなく、自分が大切に考える「判断の規準」を明示させ、それに基づいて議論させる必要がある。

　例えば原子力発電所再稼働問題であれば、原発立地市町村、電力を供給してもらっている市町村、原発がないのに放射性物質が降り注ぎ立ち入り禁止になった市町村など様々な立場の人になったつもりで、「人間の安全」、「二酸化炭素の排出と地球温暖化」、「新しい原発の安全基準」などの「判断の規準」に基づいて論争できるようにすることを想定するのである。その際例えば今は「人間の安全」という「判断の規準」に基づいて話し合っていることを子どもに自覚させ論点がかみ合うように配慮するのである。このように話し合いが空中分解されないように発達段階にも配慮しなければならない。

　このような場合の「判断の規準」とはそれぞれの子どもが大切にする価値と言ってよい。価値とは「意思決定において、考慮される事柄であり、『世界の中で生起しうるさまざまな状態についての望ましい順序』」[1]と説明されている。大杉（2011）は「『価値』について批判的な視点をもって学ぶ機会がなければ、生徒は社会に散在する『価値』に無防備にさらされ、無意識のうちにそれを受け入れてしまう」[2]ので社会科が何をするべきかその役割が問われていると訴えている。論争の過程で、そ

れぞれの価値はそもそも大切にされるべきか否かが議論されて相対化される。「政治的リテラシー」の教育は価値教育の視点からも、有権者になる前の小学生を社会的な諸価値への無防備・無垢な状態から脱却させ、自らの「判断の規準」に基づいて考える民主主義社会を支える市民へと育成する効果が期待される。

　では、この「判断の規準」は個人的な「判断の規準」でよいのであろうか。それとも集団的な「判断の規準」にまで高める必要があるのであろうか。

　この点について、これまで論争問題学習を取り上げた社会科教育研究では「合意形成」をするのか／しないのかが議論の焦点として展開されてきた。

　水山（2003）は「社会的合意形成論は、民主主義社会における『対話』という作業を通して、主張の対立状況を当事者が主体的に克服する過程を重視する。この立場から、社会科学習での意思決定の場面を個人的なものと集団的なものに分け、特に後者における意思決定能力の育成を重視する」[3]と説明している。

　これに対して溝口（2002）は「求められるのは、社会問題とされる事柄そのものの擬似的集団的解決よりも、社会的対立に関する認識を深め、一人ひとりにとっての問題や、それを問題とみなす判断基準を作り上げていくこと」であり「より普遍的な判断基準を発見し発展させるには、クラス集団での討議の中で性急に妥協点を見出すよりも、そうした自律的判断の形成を促すこと」の必要性を訴え、個人的な判断に重点をおくべきと反論し、集団的な意思決定を説く水山に疑問を投げかけている[4]。

　このような「判断の規準」を用いて価値判断や意思決定を行う際に集団的判断と個人的判断のどちらに基づいて議論し決定するのか論点に対して、「熟議」[5]の視点から双方に疑問を投げかけ、論争問題学習における「熟議的転回」を説くのが長田（2014）である[6]。長田はアメリカの

中等教育に適合したカリキュラムを参照しながら、「個人的判断に対しては、個人の決定は少なからず自己利益を反映したものであるがゆえに、他者の利益との間で調整を図ることは困難であり、そもそも調整をする必然性はない」とし「個人の意思決定を自明視・固定化した方法を乗り越えて、選好の変容による共通善の構築に集合的意思決定のより有効な方法と正当性の論拠を見出した点で、熟議民主主義論はこれまでの論争問題学習論に見られた課題を克服する方途を示している」[7]と指摘する。

　長田は「熟議的転回」について「意思決定の基盤の転回」[8]、「集合的意思決定の過程の転回」[9]、「合意の次元の転回」[10]という３段階を想定している。この段階そのものが共通善の構築を目指す規範的な民主主義論である。

　しかしながら、小学生の発達段階を想定すると、子どもたちが、争点を見つける過程で、最初は個人的な「判断の規準」に基づいて個人的に判断しつつ、他者の意見や「判断の規準」を参照しながら、次第に他者の考えを自分に取り込んで、次第に広い視野から集団的に考えていくことこそが無理のない学習だと考えられる。

　また学習の当初から、合意形成を目指すのではなく立場の異なる他者との対話や議論を経てもなお、個人的な「判断の規準」に居座ったり戻ったりする子どもがいても、それを認め待つ姿勢が教員には求められる。子どもの学びの結果だけにこだわるのではなく、なぜ、その子がそのように考えたのか学習のプロセスをたどって思考の流れにアセスメントすることに意味があると考えられる。そこで本研究で検討する実践では、「政治的リテラシー」を育成する論争問題学習において、小学生の発達段階を考慮して、「判断の規準」については「熟議的転回」のプラス面をみとめつつそれを絶対視しない緩やかな考え方で、子どもがつくることを重視していく。

　以上の考え方に基づいて行ってきた「判断の規準」に基づいた論争学

習については既に以下のような反応が出されている。

　唐木（2017）は「子どもが自ら『判断の規準』を創ることこそ、民主主義社会の主権者を育成する上で意味がある」[11]と、主権者教育の視点から価値付けをしている。また井上（2018）は「岡田の授業論では、政策についての個人の『決定』を手段として、よりよい社会の実現のための『価値の創造』を促しており、これからの民主主義社会の形成者たる市民としての資質の育成を目指す授業論として評価できる」[12]と市民的資質育成の観点からその意義を価値づけている。

　なお子どもたちが個人的な「判断の規準」からより公共的な「判断の規準」に基づいて意思決定する過程について分析することが必要となる。

第3節　政治的リテラシーを育成する評価方法

第1項　アウトカムをパフォーマンス評価する

　クリック・レポートでは「政治的リテラシー」は"learning outcome アプローチ"＝学習成果で評価されるべきで、"何を教えるか"ではなくて、"結果として何が身につけられるか"が求められている」[1]という書き方がされている。文科省（2017）『小学校学習指導要領』も「『何が身に付いたか』（学習評価の充実）」を重要視した（同書解説）。このように評価規準にそって子どものアウトカムを評価することが意義づけられている。

　そこで次にアウトカムを出力する方法を検討する。三藤・西岡ら（2010）が紹介するアウトカムはレポートや新聞であり[2]、豊嶌・柴田（2016）は学習シートを開発した[3]。これらに対し、吉田（2012）は、「意見文」を提案し[4]、新聞形式に比べ作成が短時間で意見文の「型」（「何が問題か」、「なぜそのような問題が起きるのか」、「どうすべきか、解決策）」など）があれば書きやすいと理由を説明する。

論争問題学習における討議活動では反論や反駁する能力が培われていることが期待されるが、意見文を書いた先行事例ではこれらに十分な成果が表れていない[5]。

　筆者のこれまでの論争問題学習を行ってきた経験からは次のようなことがいえよう。子どもたちは論争中には「他者」からの賞賛や反論を得てそれらに反応することに精一杯である。子どもたちに必要なのは討論で得た「他者」の考えに応答しながら自分の考えを見つめ直し論争を独りでふり返りノートに書かれた多様な「他者」の意見から自分の考えを創り上げる時間である。それらの過程で「判断の規準」を明らかにし、根拠を基に論理的に考えを組み立て、反論を想定し反駁を考えるのである。そこで、このように意見文を書く時間を「自己内他者」との対話として位置づけることととする[6]。

　そして「政治的リテラシー」の涵養と意見文を書くことの関係づけにおいて、意見文を書く際に、意図的に反論や反駁する力を伸ばすために意見文を書く「型」を示す手法をとることにした。「型」を設定する有効性は富田（2009）[7]や清道（2013）[8]らにより明らかにされている。筆者が作成した「型」とは以下のものである。

　ア　争点を見つけ、それが本当に争点と言えるのかを問い直す。
　イ　争点について、だれにとってどのようなメリットやデメリットがあるのかを分析しながら、自分の考えを書く。
　ウ　資料から事実を読み取り、考えの根拠にする。
　エ　自分が大切にしている「判断の規準」を示す。
　オ　自分の考えに対する反論を想定する。
　カ　想定した反論に対して反駁を行う。
　キ　考えが異なる人と、お互いに納得できるアイディアがあれば書く。

この「型」は書くことが苦手な子どもへの支援ツールとして作成したものである。すなわち「型」は破られるためにこそ与え、いつか子ども自身がこの「型」を離れて、自分の「型」を創ることをねらいとする。

　ここで第1章で述べた「政治的リテラシー」の捉え方を確認しておく。筆者はそれを、「時事問題のような論争問題について争点を知ることで（ア）、争点に関する多様で多元的な反応・政策・対立を知り、争点や問題解決にかかわる重要な知識を生かして利害の異なる自他への影響を考えながら（イ）、根拠を明らかにして主張したり（ウ）、反論を想定しながら聴いたり（オ）、応答しながら反駁をしたりして（カ）、自分の『判断の規準』（価値観）にしたがって（エ）意思決定を行う能力のことである」[9]と提案した。なお、（　）の記号は筆者が記入した。それぞれ上記に示した意見文を書く「型」の記号ア〜カに対応している。

　これらの「政治的リテラシー」で涵養したい「要素」を指導可能とするために、意見文を書く型の中に予め入れ込んでおく。教員は、子どもたちが学んだことから脱文脈化することなく評価できるように、授業構想をデザインすることになる。教員がそのような手立てをとり、実際の授業においても教員が「政治的リテラシー」の要素を盛り込んだ授業を行うことを通して、評価規準に基づいた評価が可能となるのである。

第2項　パフォーマンス評価の限界と実践的課題

　パフォーマンス評価は「①評価の直接性（パフォーマンスを実際に行わせて、それを直接、評価する）、②パフォーマンスの文脈性（パフォーマンスは具体的な状況の中で可視化され、解釈される）、③パフォーマンスの複合性（それ以上分割すると本来の質を失うという、一まとまりのパフォーマンスを行わせる）、④評価の分析性と間主観性（そうした質の評価のために評価基準と複数の専門家の鑑識眼を必要とする）」[10]など、真正の評価としての特徴をもつ。と、同時にパフォーマンス評価にも実践上の課題と限界がある。

　その1点目は、パフォーマンス評価型の標準テストの普及で、その

当初のオルターナティヴとしての役割が終わろうとしていることである[11]。２点目は、ルーブリックの作成と評価、モデレーションの実施、子どもへのフィーバックなど、実際に実践して判明した課題である。２点目の問題の根本は、ルーブリックの記述語だけでは評価しきれない子どもの学びの多様性が存在することに起因すると考えられる。

第３項　教師の教育的鑑識眼・教育批評で補う

　パフォーマンス評価の欠点を教育的鑑識眼と教育批評で補うことが本研究の目的の１つである。

　松下佳代（2015）も「教師の鑑識眼とそれらを補助する概念的ツールを用いることによって、パフォーマンスの質を水平的に把握することも可能である」[12]と述べているが、具体例は示していない。

　そこで本研究ではルーブリックの課題と限界の２点目について、具体的な実践事例を示しながらその解決の過程を明らかにする。

　アメリカの教育学者であるアイスナー（Eisner、Elliot.W.）が、美術教育において「教育的鑑識眼」と「教育批評」という概念を提唱した。鑑識眼的評価とは、それらを合わせた言葉の通称と考えてよい。これらが教育評価に援用されるようになり、「鑑識眼的評価」という言葉が教育学や教育現場で用いられるようになった。

　桂（2006）はアイスナーの教育的鑑識眼と批評について、以下のように説明する[13]。

　鑑識眼はある一つの特殊な対象の質を知覚し評価できる力である。鑑識眼は一般的に批評家の個人的な行為であり、かなりの経験をもつことによって鑑識眼は発達する。教育的鑑識眼についても同様である。この教育的鑑識眼に対して、批評は知覚されたもの——鑑識眼がとらえた事象や対象の質——を公に表す技術である。教育批評の目的は授業という複雑な営みをより良く理解すると同時に、理解のための鑑識眼を育てる点にある、とする。

渡辺（2016）は、アイスナーの教育的鑑識眼について、以下のように述べる[14]。

　鑑識眼とは「他者が見逃すかもしれない、その領域における専門性に気づく」ことができる力であり、教師は教育的鑑識眼をもつことで、生徒の作品や教室での出来事における善さを見出すことができる。ただし、教育的鑑識眼によって見取るというのは個人的な行為であり、それだけでは他者と共有されない。見取ったものを公にする行為が教育批評である。アイスナーによると教育批評は「その教育批評がなければ気がつかなかったり理解できなかったりするようなものを他者が見えるように手助けするようなやり方で、生徒や教師の仕事やカリキュラムの特徴や教室における生活を語ったり書いたり」することになる。また同一の教育事象について二人の批評家がその価値に関して、合意できないということも起こるがそれは教育批評の不利な点ではなく、教育実践が今もっていないある種の議論の可能性を開くという意味で長所であり得るとされている。さらに批評として記述された諸事実が、批評の外部の読み手によって現実に認められることが必要だと述べる。

　桂や渡辺らは、アイスナーの教育的鑑識眼と教育批評を結合することで、それぞれの教師ごとに異なる子どもの理解が、新たな議論の可能性を拓き、教師がより多面的に子どもの学びを理解することにつながると、肯定的に受け止めている。

　一方、アイスナーの教育的鑑識眼を批判的に受容し独自の教育的鑑識眼観をもつのが、松下良平（2002）である[15]。

　第1に松下の問題関心は、教育目標のない学びを支える＜鑑識眼に基づく評価＞の基本的な枠組みを素描することにある。つまり、学校のような歴史的・社会的な文脈から切り離された人工的な空間で行われる＜学習＞の評価のことを想定していない。

　第2に歴史的・社会的伝統に支えられた「実践」の内部で行われる学びは、教育目標がなくても可能な理由を明らかにする。それぞれの文化

実践の内部にそれぞれの固有な「実践に内在する善」としての学びが埋め込まれているからであるとする。「実践に内在する善」とは、実践を共有する人々の間主観的な合意であり、この善を我がものにすることで各人は実践のよしあしを見きわめられるようになるが、この見きわめの力こそが鑑識眼だとする。つまり実践共同体に参加する人々は〈鑑識眼にもとづく活動の自己評価〉によってより良い実践を行うことができるようになるとする。

　第3に鑑識眼による自己評価だけでなく実践共同体におけるより優れた鑑識眼（教師）をもつ者が未熟な鑑識眼の持ち主に対して行う助言や、実践共同体の成員同士が鑑識眼をめぐって議論や比較検討を行う相互評価もある。つまり松下が構想している＜鑑識眼にもとづく教育評価＞とは、教師による鑑識眼、共同体で学ぶ構成員である子どもの鑑識眼、その両方が想定されているのである。

　第4に＜鑑識眼にもとづく教育評価＞ではないもの（今日の社会に一般的に流布している評価のこと）と比べて、特徴を以下のように述べる。鑑識眼にもとづく教育評価とは「二価理論にももとづかなければ、量的な測定も志向しない。それは、対象を一つの評価基準からながめるのではなく、対象の多様な側面に同時に光を当て、それぞれの側面から相互関係にも目配りしつつ、その多様な側面の全体を多様な評価基準に照らして同時に評価する。それゆえそれは、評価対象を肯定／否定のいずれかに色分けすることよりも、肯定的な側面と否定的な側面の複雑な絡みを解きほぐすことに関心を向け、その肯定的な側面と否定的な側面がときに相関的であったり分離不可能であることにも配慮しながら、対象を多義的あるいは複眼的に評価する」ことだとする。

　第5に鑑識眼にもとづく教育評価が最も威力を発揮するのは、音楽や美術など芸術領域である。しかし、科学をはじめとする学問・研究の領域の評価も第一義的には、鑑識眼にもとづく教育評価である。

　第6に以上の特徴がある〈鑑識眼にもとづく教育評価〉は、間主観的

一致としての客観性が残されており決して恣意的ではない。むしろ、教育測定のような客観性（主観を差し挟まない方）がより深刻な問題を抱えている。間主観性という緩やかな合意の背後に差異があるからこそ、実践は多様な方向に展開が可能となるのである。このように、松下は自身が捉える〈鑑識眼にもとづく教育評価〉を説明する。

　そしてアイスナーの教育的鑑識眼について「科学的アプローチに対する芸術的アプローチ、量的研究に対する質的研究、一般的法則の定立に対する個別的現象の意味理解、等々の意義を強調するだけなの」であるとまとめる。「共同体によって支えられていることを強調するわれわれとは違って」所詮「私的な行為」にすぎないアイスナーの「批評」の妥当性の基準は、形式的なものにとどまっており、「実質的な善の概念を含んでいるとはいえない」と批判的に捉えている。松下は学校における〈学習〉ではなく、生活や文化的な実践的共同体での学びへの評価を前提にしている点でアイスナーとは異なる。まただからこそ、松下はアイスナーの教育的鑑識眼にもとづく批評は、「日本の伝統的な（アカデミズムに染まっていない）優れた教師や教育研究者が無自覚のうちに実践してきた評価」で、既に行われていることに過ぎないと、高くは評価しないのである。

　渡辺が言う「同一の教育事象について二人の批評家が…(中略)…合意できないということ…(中略)…教育実践が今もっていないある種の議論の可能性を開くという意味で、長所であり得る」という解釈と、松下が言う「間主観性という緩やかな合意の背後に差異があるからこそ、実践は多様な方向に展開が可能となるのである」という指摘は、教育批評がもつ可能性について同じ捉え方をしていると考えられよう。それにもかかわらず、なぜ松下はアイスナーの「批評」の妥当性の基準は形式的に過ぎないと批判するのであろうか。

　そこでこの点をより明らかにするために、松下が捉える実践共同体における善さを探ることで、両者の似ている表現の背後にある相違点を明

らかにしたい。それを通して、松下が用いる〈鑑識眼にもとづく教育評価〉という概念の特徴が浮かび上がるだろう。

　ここで松下が実践と呼ぶものとは何であろうか[16]。彼は例として「伝統的な職業や仕事の多くは、すぐれて実践である」とする。少し丁寧に補足すると「刃物を研ぐことや刃物を料理や彫刻や大工仕事で使用することは実践であるが、刃物で単に物を切断することは実践ではない」と捉えている。職人による工芸や手工業は「すぐれたできばえ」や「すぐれたわざ」を判定する規準をその活動の内部にもっており、人々はそのような「善さ」の実現を求めて活動に従事するのである。そしてこの「善さ」こそが実践共同体に内在する善さだとするのである。

　実践に参加することによって「実践共同体に埋め込まれている活動の善さの規準を手間暇かけて独力でつかみ取って得られるのが鑑識眼であり、それを評価基準として自らが従事している活動（実践）をよりよきものにしていくために行われるのが学び」であり、自律的な学びを可能にするのが鑑識眼であると述べる。別のところで、松下は、〈学習〉は、学習する者がその人工的で抽象的な秩序空間で規律化された生を営むことにほかならないから、そのような意味で自己否定に他ならないと、学びと〈学習〉を峻別してる。

　しかし、このような学びが成り立つ実践共同体はどこに存在するのだろうか。

　松下は実践共同体は、その中心を会社・工場や学校（とりわけその隙間）に移していったと述べている。そのような現実を眺めた時、子どもたちが学校空間という人工的な空間から解き放たれ、会社・工場や［学校］（とりわけその隙間）において、（そのような実践共同体があるとするならば）自分の共同体における善さに向かって学ぶことが出来るようにするために、何が現在の学校で出来ることなのだろうか。

　学校の〈学習〉が規律化された生を営む形式的なものであるという松下の指摘が正しいとすれば、子どもは、教員が設定した学習環境の中で、

教員の投げかけに上手に反応しているだけかもしれないという事態を教員に突きつける。例えば、道徳科の授業中には周囲を感心させる素晴らしい発言をする子どもが、実際の生活では授業中の発言とは全く異なる行動をとり周囲に迷惑ばかりかける場合も考えられる。これは普段の家庭や地域の生活のなかで、よりよく生きるための基盤となる道徳性を学んでいる訳ではなく、歴史的・社会的な文脈から切り離された学校という人工的な空間で、教師の問いかけに形式的に応答しているに過ぎないということになる。

　このような批判にいかに答えていけばいいのであろうか。家庭環境が多様化し、少子化によってかつての地域共同体が崩れかけている現代の社会で、松下が主張するような実践共同体での学びを創造することには難しさが伴う。そうであるならば、その主張を受け止めながら、子どもたちが強制的に共生させられる学校という空間を、教員と子どもたちが水平的な関係になって、一人一人が実践共同体への参加者として学ぶ空間に組み替えていくことを志向できないであろうか。それが教員への形式的な応答としての〈学習〉を乗り越えて、自分の学びを創造する学校空間につながると考える。

　以上のように、松下が〈鑑識眼にもとづく教育評価〉の前提にしていた実践共同体の善さと教育観を受け止めた上で、改めて教育的鑑識眼と教育批評を、どのように生かすことが出来るのかを模索することが、現在の学校教育の課題であろう。

　本稿では子どもの学びを多面的に見つめ評価するという意味合いで、教師の多面的な評価には、「教育的鑑識眼」の概念を用い、モデレーションにおいては「教育批評」の概念を用いて検討を進めることにする。

【補註】
第1節
(1) 桑原敏典、工藤文三、棚橋健治、谷田部玲生、小山茂喜、吉村功太郎、鴛原進、永田忠道、橋本康弘、渡部竜也（2015）「小中高一貫有権者教育プロ

グラム開発の方法（1）」岡山大学『教師教育開発センター紀要』第5号、
p.94
(2) 同上、桑原敏典他（2015）p.94
(3) 同上、桑原敏典他（2015）p.94
(4) 同上、桑原敏典他（2015）p.94
(5) 児玉聡（2012）『功利主義入門─はじめての倫理学』ちくま新書、pp.92-93
(6) 岡田泰孝執筆分担（2010）「第1章　学習分野『市民』の概要」、お茶の水
女子大学附属小学校・NPO法人お茶の水児童教育研究会『社会的価値判断力
や意思決定力を育む「市民」の学習』pp.16-17によれば、お茶の水女子大学
附属小学校「市民」部（社会科部の前身）・社会科部が提案する内容イとウは
以下の通りである。引用は同書、同ページより。

　　イ　「他者との差異や葛藤を感じる問題」を扱う内容
　　【具体例】:「消防設備を一つ増やすことができるとしたら、何をどこに増
やす？」、「東京都らしいところベスト3を選ぼう」、「戦後史の三大ニュー
スを決めよう」など。
　　これらの内容は、アと同じように、「他者との差異や葛藤を感じる問題」
である。しかし、アが時事問題で、実際に社会で生きている様々な立場の人々
が利害関係にあることを学ぶのに対して、イの内容では、学級内の子ども
同士の関係だけにおいて対立が生じ得る内容なのである。それは、特別活
動で学級の催しを決めるのに似ている面がある。
　　ウ　「他者との差異を認め広げる」ことが可能な内容
　　【具体例】:「北海道十勝地方に会社をつくろう」、「沖縄に会社をつくろう」、
「未来の自動車のプランをつくろう」、「白神山地を保全する方法を考えよ
う」、「聖武天皇、鑑真和上、行基、農民が会話をしたら、どんな劇になる
でしょう」など、子どもたちが自分の創造性を発揮して、アイディアを考
えて交流しあえる内容である。

(7) 藤原孝章、高野剛彦、松井克行、石川一喜（2009）『時事問題学習の理論
と実践─国際理解・シティズンシップを育む社会科教育』福村出版、pp.9-31
が検討・実践した時事問題は、社会参加を予め想定している。お茶の水女子
大学附属小学校市民部・社会部の授業実践では必ずしも社会参加を想定して
おらず、藤原らの「社会科論争問題としての時事問題」とは異なるタイプで
ある。
　　また、小玉（2015）の引用は「政治的リテラシーとシティズンシップ教育」
（唐木清志、岡田泰孝、杉浦真理、川中大輔監修・執筆『シティズンシップ教
育で創る学校の未来』東洋館出版、p.12）による。なお、この小玉と岡田へ
の批判としては、長沼豊（2019）「Crick reportの3要素に関する言説につい
て─日本のCitizenship教育推進における課題とは─」学習院大学文学部教育

学科長沼豊研究室『教育創造研究第1号』pp.83-93 があげられる。

(8) 社会科の初志をつらぬく会（1997）『問題解決学習の継承と革新』明治図書出版、pp.72-87。橋本祥夫（2014）「問題解決学習における問題意識と学習問題に関する一考察 －初期社会科の『切実な問題』の再提起－」京都文教大学『心理社会的支援研究』4号、pp.81-95。奥村好美（2011）「有田和正の授業観の転換についての一考察 －切実性論争に着目して－」京都大学『教育方法の探究』14号、pp.64-72などを参考にした。切実性論争、当事者性か自分事かなどという議論が起きる背景について社会科と算数を比較して論じたものに、岡田泰孝・神戸佳子（2019）「（エッセイ）問題への切実性を表象する『自分事』と『当事者性』という表現の妥当性を検討する」お茶の水女子大学附属小学校『研究紀要』第26号、pp.1-8がある。

(9) 小西は、追究の鬼を育てる有田の社会科を賞賛しつつ、「公民的資質」に触れない社会科授業観を疑問視した。小西正雄（1994）『「提案する社会科」の授業1』明治図書出版、p.17

(10) 藤瀬泰司（2004）「社会形成の論理に基づく社会科経済学習の授業開発：単元「君は会社でどう働くか～特許権問題から見える会社のあり方～」全国社会科教育学会『社会科研究』61号、pp.61-70

(11) 田村貴紀（2013）「語る権利は誰にあるのか？：3・11後の日本における反原発運動間の不一致に、ソーシャルメディアが果たす役割」Selected Papers of Internet Research 14.0、：Denver、USA

(12) 松岡廣路（2006）「福祉教育・ボランティア学習の新機軸—当事者性・エンパワメント—」『福祉教育・ボランティア学習と当事者性』万葉舎、pp.12-31

(13) 文部科学省（2017）「新しい学習指導要領の考え方－中央教育審議会における議論から改訂そして実施へ－」平成29年度小・中学校新教育課程説明会における文科省説明資料、p.22

(14) 伊藤裕康（2010）「当事者性を育む社会科学習：物語構成学習による地理授業の開発」社会系教科教育学会『社会系教科教育学研究』22号、pp.11-20

(15) 佐藤浩輔、大沼進（2013）「公共的意思決定場面において当事者性と利害関係が信頼の規定因に与える影響」『社会心理学研究』第29巻2号、pp.94-103
　　佐藤浩輔、大沼進、北梶陽子、石山貴一（2015）「NIMBYを巡る当事者性の違いによる認識の差と手続き的公正の保護価値緩和効果：幌延深地層研究センターを題材としたシナリオ調査」『日本リスク研究学会誌』第25巻3号、pp.121–130

(16) 岡田泰孝（2017）「『政治的リテラシー』を涵養する学習の構想－様々な立場から考えることで当事者性を育成できるのか－」日本社会科教育学会第67回全国研究大会（千葉大学大会）『全国大会発表論文集』第13号、pp.82-83 および、岡田泰孝（2017）「『当事者性』を涵養する論争問題学習のあり方 －『当事者』を決める活動を通して、民意を反映する政策の決め方を考

えるー」日本公民教育学会『公民教育研究』第 25 号、pp.33-47

(17) 田中智輝（2016）「教育における『権威』の位置　－ H. アレントの暴力論をてがかりに－」日本教育学会『教育学研究』第 83 巻第 4 号、p.87

(18) 小玉重夫（2016）『教育政治学を拓く－ 18 歳選挙権の時代を見すえて－』勁草書房、p.200

(19) 同上、小玉重夫（2016）、p.200

(20) ビースタ、G.（2016）藤井啓之・玉木博章訳『よい教育とは』白澤社、p.112。ビースタは、「中断の教育学という考え方は、…中略…とりわけ主体化に焦点をあてている」と述べている。

(21) Gert J. J. Biesta（2017）The Rediscovery of Teaching：Routledge、p.82

第 2 節

(1) 溝口和宏（2012）「開かれた価値観形成をめざす歴史教育の論理と方法」全国社会科教育学会『社会科研究』第 77 号、p.4

(2) 大杉昭英（2011）「社会科における価値学習の可能性」全国社会科教育学会『社会科研究』第 75 号、p.1

(3) 水山光春（2003）「『合意形成』の視点を取り入れた社会科意思決定学習」全国社会科教育学会『社会科研究』第 58 号、pp.11-20
　　水山は、トゥールミン・モデルを用いた論争問題学習の提案を行い「…何に合意できて何に合意できないかを明らかにし」、社会認識に裏付けられた質の高い意思決定と合意形成の実現を目指すことを試みようとした。

(4) 溝口和宏（2002）「開かれた価値観形成をめざす社会科教育　－「意思決定」主義社会科の継承と革新－」全国社会科教育学会『社会科研究』第 56 号、pp.31- 40

(5) 長田健一（2014）「論争問題学習における授業構成原理の「熟議的転回」－ National Issues Forums の分析を通して－」全国社会科教育学会『社会科研究』第 80 号、pp.81-92
　　長田は「熟議」を「諸個人の選好を所与のものと見なさず（固定化させず）、各人が当初の選好を互いの観点に照らして変容させていく過程を通じて共通善を構築しようとする考え方」と捉えている（p.84）。

(6) 同上、長田健一（2014）、pp.81-92

(7) 同上、長田健一（2014）、p.84

(8) 同上、長田健一（2014）、p.90　「意思決定の基盤的転回」とは、「熟議型の論争問題学習は、社会的意思決定の基盤を、個人の合理性ではなく、集団での熟議による妥当性の暫定的な相互承認に求めることで、個人的価値観形成型の論争問題学習が抱えていた課題 の克服を図っている」ことを指す。

(9) 同上、長田健一（2014）、p.91　「集合的意思決定の過程の転回」とは、「熟議型の論争問題学習では、個人の意思決定を所与とせず、まず複数の方向性

について共同で吟味させる。そして、それを通じて互いの選好や認識等の変容を促し、共有可能な点について明確化させることで、当該集団における判断の共通基盤となる相互認識を形成する。このような授業過程上の変化」のことを指す。

(10) 同上、長田健一（2014）、p.91 「合意の次元の転回」とは「政策に関する合意形成に 単純化しない議論によって、価値や信念、事実認識の異なる次元での合意形成ないし共通理解の形成を主たる目標とするようになった」ことを指す。

(11) 唐木清志（2017）「社会科における主権者教育―政策に関する学習をどう構想するか―」日本教育学会『教育学研究』84 巻 2 号、pp.155-167

(12) 井上昌善（2018）「民主的な議論に基づく中学校社会科授業構成の方法に関する研究」兵庫教育大学大学院連合学校教育学研究科博士論文、pp.24-26

第3節

(1) 小玉重夫（2011 年 10 月 26 日）「『クリック・レポート』とイギリスのシティズンシップ教育について」『常時啓発事業のあり方等研究会提案資料』

(2) 三藤あさみ・西岡加名恵（2010）『パフォーマンス評価にどう取り組むか』日本標準、p.14

(3) 豊嶌啓司・柴田康弘（2016）「アウトカムのための社会科市民的資質評価」教育目標・評価学会『教育目標・評価学会紀要』26 号、pp.41-51

(4) 吉田英文（2012）「パフォーマンス評価による教科学習観の変化」東京学芸大学『東京学芸大学教職大学院年報』Vol.1、pp.55-66

(5) 佐長健司・真子靖弘（2008）「公民的資質を育成する社会科パフォーマンス評価の開発」『佐賀大学文化教育学部研究論文集』13 巻－（1）、pp.168-169。自分の明確な主張は十分に引き出しているが、ディベートで培った反論や反駁の能力は、引き出せなかったと思われる結果が窺える。

(6) ハンナ・アーレントは思考活動における二元性、つまり独りでいることによって自分自身との対話がなされることを『一者の中の二者』と呼び「人間が本質的に複数性において存在する」ことの証とした。佐藤和夫訳（1994）『精神の生活　上』岩波書店、p.212

(7) 富田英司（2009）「大学生の視点から見た『説得力のあるアーギュメント』とは」『日本認知科学会　第 26 回大会論文集』pp.334-335。富田は日本の大学生に「喫煙の是非」をテーマとして意見文を書かせたところ「自分と反対の立場の論拠に言及しながら意見文を書いた学生は全体の約 1/4 に過ぎず、残りの 3/4 の学生は自分の主張一辺倒の意見文しか書けなかったと」報告している。つまり日本の教育の現状では反論を想定し反駁する能力を、意図的に行う必要があるという結論を導き出している。

(8) 清道亜都子（2013）『書くことの教育における理論知と実践知の統合』渓水社、pp.323-367。清道は「意見文」作成指導の「型」の有効性を明らかに

し「意見文の『型』を提示することにより、高校生の書く文章は量的及び質的に充実したものになる」とした。意見文の「型」で注目したのは「予想される反論、それへの対応を述べ」る「型」を導入したことである。これは筆者によって定義された「政治的リテラシー」の「反論を想定しながら聴いたり、応答しながら反駁をしたり…」に内容的にも近い。

(9) 岡田泰孝（2016）「『政治的リテラシー』を涵養する小学校社会科学習のあり方　－時事的な問題を『判断の規準』に基づいて論争する－　」日本社会科教育学会『社会科教育研究』129 号、p.15。岡田泰孝（2017）は、原子力発電所再稼働論争で公共的価値で判断する子どもの増加傾向を明らかにした。「『当事者性』を涵養する論争問題学習のあり方　－「当事者」を決める活動を通して、民意を反映する政策の決め方を考える－」『公民教育研究』25 号

(10) 松下佳代（2012）「パフォーマンス評価による学習の質の評価　－学習評価の構図の分析に基づいて－」『京都大学高等教育研究』第 18 号、p.81

(11) 同上、松下佳代（2012）、p.81

(12) 松下佳代（2015）「教育をめぐるアリーナとしての学力研究」日本教育学会『第 74 回大会発表要旨集録』p.439

(13) 桂直美（2006）「E・アイスナーの『教育的鑑識眼と教育批評』の方法論－質的研究法としての特徴－」筑波大学人間系教育学域教育方法学研究室『教育方法研究』pp.55-72

(14) 渡辺貴裕（2016）「英語圏における芸術教育の評価の新展開」田中耕治編著『グローバル化時代の教育評価改革：日本・アジア・欧米を結ぶ』日本標準、pp.196-207

(15) 松下良平（2002）「教育的鑑識眼研究序説　－自律的な学びのために－　」天野正輝編『教育評価論の歴史と現代的課題』晃洋書房、pp.212-228

(16) 松下良平（2004）『道徳の伝達　－モダンとポストモダンを超えて－　』日本図書センター。実践共同体については pp.63-86 を参照した。〈学習〉については補註（15）松下良平（2002）p.227 を参照した。

第3章
実践授業の分析

第1節　本研究の対象

第1項　実践者が自分の授業実践を研究対象にする意義

　ここでは実践者である筆者が、自分自身の授業実践を分析・考察する意味について確認しておく。

　個々の子どもの記述や対話をどのように解釈するか、またその解釈の信頼性を高めるためにはどうすべきなのかということは、実践を研究のレベルに高めるうえで困難を伴う作業である。

　さらに本研究の授業実践の評価者は、教師である筆者本人であるということが、問題をさらに複雑にしている。学術研究において、評価者と授業者が同一人物でもよいか否かという点については、客観性の保障という点から以前より議論されてきたことだからである。筆者はこれらの問題点を了解した上で、客観性を担保するために、個々の子どもの発言や、自己評価やまとめの意見文などをデータとして示し、3本の授業実践の分析の視点に基づいて、その解釈のプロセスを示すことにしたい。

　3本の授業実践は既に筆者が所属する学会において発表され、質疑応答を経て、その後研究論文として掲載されるなど、それなりの客観性は保障されているとも考えられる。例えそうだとしても個々の子どもを知らない初見の読者にとっては、筆者の解釈や評価の読み取り難い部分や、承服しかねる部分があることが十分に予想される。

　教師教育学の立場から、J. ロックラン（2007）は「研究者と実践者が同一人物で、研究結果が個人を越えたものになる以上、何がどのようになぜ行われたのかを注意深く詳細に吟味することが重要」[1]であると指摘している。そして「実践を研究する上で必要となるのは、実践研究を行っている研究者（と読者）が、個人的な実践の捉えを越えていけるよう、個人の理論が十分批判されていることである。学問性を明白に示すには、研究者は緻密なデータ収集と分析ができているかを検討し、用いら

れている方法を明示」[2]することが求められるという。さらにそうした「実践から生まれる知識を葛藤を生むものとして捉えることで、他者に自分の状況を研究するための概念化のヒントを提供して」[3]おり「実践を問題をはらむ躍動的なものとして位置づけることができ」、「自らの研究を、生産的に他者の研究に積み上げていくことができるように」[4]なるばかりでなく、「何をどのようになぜ行うのか検討する術を提供する意味のある情報として、他者の授業に影響を与えることができる」[5]ようになると意味づけている。

　彼のここでの説明では、例え個人の実践研究であっても、先行研究を踏まえた上で、他者が行う未来の研究へつながる極めて歴史的文化的な文脈において社会に開かれた実践研究になり得ることを示している。

　本稿ではこのJ. ロックランの提言に基づいてデータ収集と分析を検討し、用いられている方法を明示して、本実践研究が個人を越えたものにできるようにと心がけていく。

第2項　本研究が対象とする授業実践とその概要

　本研究の対象となる政治的リテラシーを育成するための授業実践は、以下の3本の小学校社会科の授業である。なお3本の授業は、全て筆者によって行われた授業実践であり、全て筆者の勤務校である、お茶の水女子大学附属小学校で行われた授業である。

　第2章においては、授業構成の原理である、政治的リテラシー教育の内容・方法・評価について、次のような順序で説明を行う。第1節では主に内容である政治的リテラシーを育成する学習内容と「当事者性」について、第2節では政治的リテラシーを育成する学習方法について、第3節では、政治的リテラシーを育成する評価方法についてである。

　本来であれば本章においても、内容－方法－評価の順序で授業実践とその分析を記述した方が、第2章と整合性をとることができると考える。しかしながら、子どもたちは、1番目に政治的リテラシーを育成す

る学習方法について、2番目に政治的リテラシーを育成する評価方法にであい、3番目に政治的リテラシーを育成する学習内容と「当事者性」について学んでいる。筆者は、子どもたちが学んだ順序にそって説明することによって、子どもたちが政治的リテラシーについてどのように学んだことを積み重ねていったのかを、筋道立てて論じることができると考え、このような順序で述べることにした。

　そこで第2章で内容-方法-評価の順序で論じてきた順番を、本第3章では入れ替えて、方法〈第1実践〉-評価〈第2実践〉-内容〈第3実践〉の順番で記述することとする。

（1）〈第1実践〉「発電方法の未来を考える　その1」
　　　-主に視点②方法：「判断の規準」にかかわる実践-
　〈第1実践〉の単元名は「発電方法の未来を考える　その1」である。2014年9月〜10月に実施した[6]。対象は5年生4学級123名である。本研究では、そのうちの一学級（A学級）の授業記録──授業中の発言と、ふり返り（自己評価）──を用いて分析を行う。

　本単元「発電方法の未来を考える　その1」では、子どもたちが、様々な発電方法について長所と短所を調べながら、今後も発電を続けて欲しいのか、それともこれ以上は発電をして欲しくないのかを論争する学習である。その論争の過程で、自分が判断する価値観つまり「判断の規準」を明らかにしながら、論争を行うように指導をしていった。様々な発電方法の1つに原子力発電も含まれており、子どもたちは「判断の規準」に基づいて原子力発電所の再稼働を巡って論争を行う。論争では「判断の規準」に基づいて自分の意見を話し、それへの賛成や反論を得て、さらに得た反論には反駁する話し合いのしかたを身に付けるようにしてきた。

　特に第10時では、観察対象児である「う児」が語った内容は他の子どもたちの考え方を揺さぶったのである。子どもたちは原子力発電所再

稼働への賛成・反対の考え方も変化させるが、それと同時に、「判断の規準」にも変化が現れる。どのように「判断の規準」の変化が起きるのか、子どもたちの発言とふり返り（自己評価）の記述を関連付けて分析を行う。

　なお、授業中に発言する子どもには「う児」「か児」などの記号を付している。またふり返り（自己評価）の一覧表には、子どもにランダムな数字の番号を付して一覧表を作成した。

(2)〈第2実践〉「発電方法の未来を考える　その2」
－主に視点③評価：「評価のあり方」にかかわる実践－

　〈第2実践〉の単元名は「発電方法の未来を考える　その2」である。2014年9月〜11月に実施した[7]。対象は、5年生4学級123名である。本研究では、そのうちの1学級（B学級）の授業記録を用いて分析を行う。

　本単元「発電方法の未来を考える　その2」は〈第1実践〉の学習の最終段階において自分の考えを意見文に記述する学習場面である。

　子どもたちはそれまで「判断の規準」に基づいて、原子力発電所の再稼働を巡って論争を行ったきた。論争では「判断の規準」に基づいて自分の意見を話し、それへの賛成や反論を得て、さらに得た反論には反駁する話し合いのしかたを身に付けるように指導をしてきた。そのような学習の方法が身についているのか、意見文を書くというパフォーマンスにおいて能力を発揮できるのかを、評価する活動に取り組むのである。

　子どもたちはこのようなパフォーマンス課題に取り組むのは初めてあることから、パフォーマンス評価の問題文には、意見文の書き方の「型」を示してある。このようにすることで、評価の場面でありながら、それまでの学習を復習できる内容にすることを意図したのである。

　なおパフォーマンス課題の意見文を書いた子どもについては、ア児、イ児……のような記号をランダムに付してある。

（3）〈第3実践〉「川内原発再稼働は誰の声を優先して決めるのが望ましいか」

　　－主に視点①内容：「当事者性」にかかわる実践－

　〈第3実践〉の単元名は「川内原発再稼働は誰の声を優先して決めるのが望ましいか」である。2017年2〜3月に実施した[8]。対象は5年生4学級113名である。本研究では、そのうちの1学級（C学級）の授業記録を用いて分析を行う。

　子どもたちは〈第1実践〉〈第2実践〉で学ぶことを通して、未来の発電方法は何がより良いのか「判断の規準」をもとに考えてきた。子どもたちが抽出した「判断の規準」は、①自然環境や景観への影響、②健康・人体の安全、③再生可能の可否、④広大な土地が必要か、⑤費用の多少、⑥大量発電か、⑦ CO_2 排出量、⑧原発の地元に話を聞く・地元民の安全などであった。

　子どもたちのなかには原発の再稼働に際しては福島県飯舘村のように、原発非立地自治体にもかかわらず大被害を受けた人々のことを考慮することも「判断の規準」にする者が出てきた。これは、価値・公正の点から看過できない問題である。そこで、火山噴火、大地震のような自然災害と原発の再稼働の問題を複合的に考え、火山噴火への対応策、避難計画の策定も含めて現実的で具体的な学習場面を想定し、鹿児島県の川内原発を事例としたのである。

　未来の政治教育では「争点や問題ではなく、決め方を扱う」ことが重要とも言われている。そこで、原発立地自治体の住民の声、30km圏の自治体の住民の声、国民全体の声など、一体誰の声を優先するべきかを討議することを通して、公正という価値について改めて考えさせたいことから〈第3実践〉を設定した。

　なお〈第3実践〉では、子どもたちが4人組のグループになり、原発立地自治体の住民、30km圏の自治体の住民、国民全体など、様々な立

場になってロールプレイを行いながら討論活動を行った。ここでは抽出グループのA児～D児の討論での発言と、ふり返り（自己評価）とを関連付けながら考察・分析を行う。

第2節　研究の方法

第1項　研究対象を分析する方法

　本研究では主に以下の方法によって対象の分析を行うことにする。

　第1に授業における子どもたちの発言の記録を分析する。特に、子どもたちが、どのような「判断の規準」に基づいて発言をしているのかに注目する。また、子どもたちの考え方の変化や更新の具合を見とる際にも、どのような「判断の規準」からどのような「判断の規準」に移動したのかに注目して分析を行う。

　第2に子どもたちが毎時間の終了時に書いた「ふり返り」（自己評価）の記述を分析する。特に子どもたちが、どのような「判断の規準」に基づいて記述をしているのかに注目する。また、子どもたちの考え方の変化や更新の具合を見とる際にも、どのような「判断の規準」からどのような「判断の規準」に移動したのかに注目して分析を行う。

　またそれぞれの子どもが記述する「ふり返り」には「判断の規準」以外の内容も多様に記述されている。例えば自分の考えに影響を与えたのは、誰のどのような発言であったかという他者の思考を取り込んだ内容であったり、自分自身の思考の変化について子ども自身が気がついて記述したりすることもある。これらは子ども自身が自分の学びの過程に対するメタ認知である。教員はそれらを読み取って、それぞれの子どもの学びが充実するように生かしていく必要があろう。

　第3に子どもたちが単元終了時に書いた意見文を分析する。単元の途中や毎時の「ふり返り」（自己評価）で書かれた内容は、それぞれの子どもの思考の過程である。その過程をよく見とり子どもの学習状況を把握

して支援をしながら、子どもたちがそのような過程を経て、単元終了時にどのような考えに至ったのかを子どもも教員も学習の状況をつかむことが必要になる。その方法は第2章第3節で述べたように、子どもたちの学びの履歴を生かした脱文脈化しない形式をとるパフォーマンス評価を採用する。

　3本の授業実践を3つの方法で分析する理由を述べる。

　第1の方法の授業における教師と子どもたちの発言記録を分析する理由は以下の通りである。授業中に、子どもたちは、「判断の規準」に基づいて自分の考えや意見を述べる。そこでは、子どもたちが他者の意見に表れたどのような「判断の規準」に影響されて、反論や反駁をしたり、自己評価で考えを書いたりしているのであろうか。すなわち子ども同士が、考えを行き来させ応答しあうなかで、どのような「判断の規準」が子どもたちの考えの広がりや深まりに影響を与えあっているのかを明らかにすることが必要になる。政治的リテラシーとは「……自分の『判断の規準』（価値観）にしたがって意思決定を行う能力のこと」であるから、子どもたちがどのような「判断の規準」に基づいて判断や決定を行うのかは、授業を分析する時の重要な視点になるからである。

　第2の方法の子どもたちが毎時間の終了時に書いた「ふり返り」（自己評価）の記述を分析する理由は以下の通りである。第1の方法にも少なからず問題点がある。それは授業に参加している子ども全員が発言したり対話したりするとは限らず、発言しなかった子どもたちがどのような「判断の規準」に基づいて思考を変化させたのか、思考を深めたのか、子ども自身も言語化できずに曖昧になってしまう点である。同様に教師も子どもの学びの状況を把握できないまま、学習が進んでしまい適切な指導を逃す可能性も生じる。

　そこで、子ども自身が話し合いや対話における他者の意見や考えについて反応しながら、その1時間の授業における考えをふり返って記述することが学習のポイントになる。二宮（2015）は、論争問題学習のよう

な構成主義の学びでは「学習の主体は学習者であり、それゆえ、子ども自身が学習をふり返り、改善できる力こそが学習の成功の鍵」となり「メタ認知能力育成が不可欠である」ことや、「学習の場として『評価活動』を位置づけ、そこへ子どもたちを主体的に参加させて行く必要がある」[1]と述べている。つまり自己評価活動が子どもの学習活動として重要な活動であることを説いているのである。

また授業における話し合いを終えてから独りで思考し友だちの様々な発言を思い出しながらふり返りを「記述」する段階で、自分の考えが表れることもある。そこで、「記述」を観察・評価対象にして、「対話」の場面で発言が少ない子どもの学びを評価することに意味が見出されるのである。

齋藤（2017）は発言しないが思考を深めている子どもの評価のあり方を検討するべきとする[2]。そこで本研究では子どもが「記述」したふり返り（自己評価）も評価対象とするのである。

第3の方法、すなわち子どもたちが単元終了時に書いた意見文を分析する理由は「パフォーマンスは具体的な状況の中で可視化され、解釈される」ことや「それ以上分割すると本来の質を失うという、一まとまりのパフォーマンスを行わせる」ことを実際の授業中から意識しておく必要から行われる。

そうすることで政治的リテラシーの要素（ⅰ～ⅳ）を盛り込んだ授業が行われ、子どもたちは学習で学んだことから脱文脈化することなく評価されることになる。このように教員が学習と評価の構想をデザインしておけば、意見文というパフォーマンスが政治的リテラシーのアウトカム評価の対象として適切だからである。

第2項　研究対象を分析する視点

ここまで研究の対象について分析する方法を述べてきた。ここからは、研究の対象について分析する方法の視点（1）～（3）について確認

を行う。

(1) 視点①内容：政治的リテラシー育成の内容：「当事者性」

　第2章第1節では論争問題学習で政治的リテラシーを育成する際の「当事者性」を分析の視点にした。政治的リテラシーを育成する社会科の授業において、本研究で定義した「当事者性」の概念を視点にして、どのように育成されたのかを分析する。

　なお、本研究では「当事者性」を、第2章第1節を踏まえ、以下のように捉えることとする。

　すなわち、ある論争問題の結果が、自分が「当事者」と考えた人々にどの程度強い影響を与えるか関心をもって考え判断できることが、「当事者性」がある状態である。また、自分が「当事者」と考えた人々への影響を考え判断する際に、単に個人的な利益だけではなく様々な立場の人々の状況を考えていることが、「当事者性」が高い状態である。さらに自分が「当事者」と考えた人々への影響を考え判断する学習を繰り返すことで、自分（子ども）は、論争問題への関心を益々高め、自分と論争問題や当該政策との利害を考えるようになることである、とする。

(2) 視点②方法：政治的リテラシー育成の方法：「判断の規準」

　第2章第2節では小学生の子どもたちが、いかなる「判断の規準」に基づいて話し合ったり、考えを書いたりしているのかを視点にした。政治的リテラシーの育成を「判断の規準」の視点から分析することになる。なお「判断の規準」とは「それぞれの子どもが大切にする価値であり、価値とは「意思決定において、考慮される事柄であり、『世界の中で生起しうるさまざまな状態についての望ましい順序』」であると述べた。

　「判断の規準」に基づいて思考することが出来れば、自分がどのような価値観に重きを置いて政策について思考しているのかが、議論の場において明示できて他者にも自分の考えを伝えやすくなる。さらにこのこ

とばかりではなく、自分自身の考え方をメタ認知する上でも有効であることを期待して、「判断の規準」に基づいた分析を進める。

（3）視点③評価：政治的リテラシー育成の評価：「評価のあり方」

　第2章第3節では政治的リテラシーの評価はどのようにあるべきかを視点にした。

　その評価の1点目は教員による子どもの学びを見とる評価の意味がある。具体的には、アウトカムを「パフォーマンス評価」し、その限界を「教育的鑑識眼」と「教育批評」で補うという視点から分析する。

　その評価の2点目は子ども自身による毎時の「ふり返り」つまり「自己評価」としての意味がある。自己評価を行うことによって、子ども自身が自分の学びの状況を把握し自分自身がどのような判断をどのような根拠に基づいて行っているのかを自覚するメタ認知の効果が期待でき、そのような視点から分析を行う。

　その評価の3点目は視点②「判断の規準」にかかわることであり、評価の1点目と2点目両方にもかかわることである。それは子どもたちが、どのような「判断の規準」で思考を深めているのかを明らかにしていくという意味がある。

第3項　授業実践ごとに生じる分析する視点の軽重

　本章においては実践1～3それぞれについて、視点①～③に基づいて実践の検討や分析を行う。

　ただし実践ごとに重点となる課題があるので、分析にはその軽重が生じると考えられる。授業実践ごとに、重点課題、非重点課題が生まれる理由を、分析の視点①：内容「当事者性」を例に述べる。

　〈第1実践〉（方法）、〈第2実践〉（評価）については、「判断の規準」を使った思考や討論の仕方や、政治的リテラシーの育成とその評価方法について強く意識した授業構造や展開とした。

この〈第1実践〉、〈第2実践〉を行っているとき、子どもたちの学習の様子を観ながら、論争問題学習に対する子どもたちの切実性や「当事者性」は育ってるのかという不安が湧き上がってきたのである。この不安については原子力発電所再稼働の問題を扱うなか、どこかでこの問題について筆者自身が向き合う必要性を感じていた。〈第1実践〉、〈第2実践〉終了後に、筆者は「当事者性」の涵養を計画・意図した実践を行う必要性を強く感じたのである。もともとの研究計画において〈第3実践〉では、川内原発再稼働を取り上げ原子力発電所立地地域（市町村レベル）における論争問題学習として扱う予定であった。〈第1実践〉、〈第2実践〉遂行中に感じた子どもたちの切実性や「当事者性」を育成するという点から、原子力発電所立地地域の論争問題として取り上げる場合の「地域」とは、どの範囲からどの範囲を示すのかという問題を論争の争点に組み込むことによって、子どもたちの「当事者性」育成を意識した構成に変化させていったのである。

　このような研究の経緯を踏まえ、第3章や終章で成果や課題を明らかにする際に、方法を重視した〈第1実践〉、評価を重視した〈第2実践〉においては「当事者性」は育成できなかったという結論になることも想定されていた。

　むしろ「当事者性」を育成することに対して無意図的で方法を重視した〈第1実践〉、評価を重視した〈第2実践〉においてもどこまで「当事者性」を育てることができたのかを明らかにする必要性を感じ始めたところであった。

　以上のような実践と研究の経緯を確認した上で、第3節〜第5節において、各授業実践に関する分析と考察を進める。

　本章では第3節〜第5節のそれぞれの「成果と課題」の項において、第1〜3の各実践についてそれぞれに視点①〜③から分析して、政治的リテラシーの育成にどのような成果や課題が見られたのかを明らかにしていく手順で論述を進めることにする。

第3節 〈第1実践〉「発電方法の未来を考える　その1」
―主に視点② 「判断の規準」 にかかわる実践・ 「判断の規準」 に基づいて論争を深める学習―

第1項 「判断の規準」 に基づいて論争を深める学習の構想

　〈第1実践〉の目標は「発電方法それぞれの長所・短所を考慮しながら、『判断の規準』に基づいて様々な発電方法に優先順位をつける。そのことを通して、原子力発電所の再稼働という時事問題的な論争問題について判断することができる」である。

　授業の1時間目から、どのような内容や「判断の規準」を用いて子どもたちが思考したのかについて、授業の概要とともに表1に示す。

表1 〈第1実践〉「発電方法の未来を考える　その1」の概要（15時間）

時	主な学習活動	備　考
1	電源構成を考えることが政策課題であることを知り、既習内容に基づいて優先したい発電方法に、仮の順位をつける。	
2	仮の順位の1位と8位について報告し、順位づけた理由を話し合う。（表2の上段の数字は、それぞれの人数に得点をかけた数）	表2（次ページ）を参照のこと
3〜6	太陽光発電・水力発電・地熱発電・風力発電の長所と短所ついて調べ、増やしたいか減らしたいかこのままで良いか、まとめる。	
7	火力発電の長所と短所について調べ、「判断の規準」に基づいて考えることを話し合った。その時に、子どもたちが考え出した「判断の規準」は①〜⑦である。 ①自然環境への影響（安全性） ②健康・人体への影響（安全性） ③費用の多い少ない ④発電量の多い少ない ⑤二酸化炭素の排出量多い少ない ⑥繰り返し使える・使えない ⑦自給できる・輸入するしかない	もっと増やしたい（減らしたい）発電方法をどのような「判断の規準」で決めているのか共有した。

| 8 | 原子力発電の長所と短所について調べ、「判断の規準」に基づいて意見を書いた。8〜1点で評価し、合計点の多い方から1位〜8位と順位付けを行った時の順位を表している。一番人気の太陽光を1位にする子が減り、地熱・水力をよしとする子が増えた。原子力の8位は減り火力を8位にした子は増えた。 | 表2からは、子どもたちが、放射性物質の被害よりも、二酸化炭素の排出が環境に及ぼす影響の方が重大であると判断したことが読み取れる。 |

表2　発電方法のランキング

位	時	発電方法	太陽光	風力	地熱	水力	天然ガス	石炭	石油	原子力	未決定
1位	第1時		128	0	40	24	16	0	0	16	1人
	第8時		40	0	88	104	18	0	0	24	0
8位	第1時		0	8	0	8	0	40	24	152	0
	第8時		16	8	0	0	56	72	96	56	0

※1位は8点、8位は1点を、それぞれ人数にかけた

9

読売新聞の社説を読んで、原子力発電所の再稼働について考えを書く。

> **読売新聞【社説】原子力発電所政策「重要電源」支える工夫が要る**
> 2014年8月28日
> 　原子力発電は燃料費が安く、発電中に二酸化炭素を出さない。国民生活の安定と、産業で物を造って売り、生活を豊かにする上で必要で基本的な電源だ。問題は、原子力発電の安全をチェックする原子力規制委員会が、原子力発電所の安全審査を遅らせて、再稼働のメドが立たないことだ。安全性の確認ができた原子力発電所を着実に再稼働すべきだ。政府は、安全性と再稼働の必要性を原子力発電所がある市町村に、ていねいに説明する責任がある。
> 　　　　　※教員が、趣旨を損なわないように、難意語句を簡単に修正した。

子どもたちは、社説の言葉に反応して新しい「判断の規準」を自分たちで創っていた。それが、以下の⑧〜⑫である。 ⑨地元住民への説明 ⑩物を造って豊かな生活 ⑪停電・電力不足、安全基準・審査合格 ⑫自分の家に帰れない 　また、第9時のふり返り時点で、子どもたちの立場とその人数は、 【立場ア】原子力発電所をもっと建設したい　… 7人 【立場イ】安全な原発は全て動かす　　　　　…19人 【立場ウ】安全な原発でも全ては動かさない　… 5人 【立場エ】原子力発電所をゼロにしたい　　　… 1人 と、なった。	○ただ一人「原子力発電所をゼロにしたい（立場エ）」を選択した子どもは、「判断の規準」の「②：人間の安全」に◎をつけた。「⑫：自分の家に帰れない」にも○をつけた。 ○立場の変化については表3〜表5を参照。

10	読売新聞の社説を読んで書いた意見文について話し合い、原発再稼働についての争点はどこにあるのか、「判断の規準」を明らかにして、自分の考えを深める。	具体的な論争の様子や考察は、次項を参照してほしい。
11〜13	二酸化炭素排出が自然環境に与える影響、福島第1原発の放射線被害から避難した飯舘村の人々の生活を調べ、最終的に原子力発電の再稼働について自分の考えを書いてまとめる。	二酸化炭素排出と地球温暖化については、十分な学習ができなかった。
14〜15	パフォーマンス課題に取り組み、解説を聞く。	P.110〜の第2実践で詳しく触れる。

観点別評価規準は「政治的リテラシー」の評価規準ⅰ〜ⅳで示すと以下のとおりである。

ⅰ…新基準で安全と判定された原発を再稼働させるか（読売新聞）、原発ゼロでも夏を乗り切ったのだから原発再稼働の必要はない（東京新聞）か争点を読み取る。

ⅱ…「判断の規準」（価値）を明らかにして、争点について、自分の意見を書いている。自分とは異なる意見が出されることを想定していて、それらを紹介している。

ⅲ…どの資料を用いたのかを明確に示した上で、資料から情報を正しく読み取り、自分の意見の根拠として生かして書くことが出来ている。

ⅳ…自分への反対意見に対して、反駁を書くことができている。その上で、異なる意見の人と、お互いが歩み寄れるような提案を具体的に書いている。

　授業実践当時（2014年）、日本政府は原子力発電を重要なベースロード電源と位置づけて原発再稼働に向けて舵を切っていたが、世論では原発の安全性への疑問は大きな話題だった。

　第9時までは「CO_2の排出が少ない原発は温暖化対策に良い」、「新安全規準で原発を修理したから大丈夫」という意見と、いくら安全規準を高めても「東日本大震災のような大地震は人間の力では防げず、福島第1原発事故のようなことが起きる可能性があるから信用できない」という対立する意見が出ていた。全体的には再稼働を容認する考え方が26名（32名中）であった。

　子どもたちに大きな変化が生じたのは第10時である。よって第10時を詳細に分析したい。

第2項 「判断の規準」に基づいて話し合う子どもの思考の変化に関する考察（第10時において）

　第10時は前時に読んだ読売新聞社説について話し合い、原子力発電所再稼働についての争点はどこにあるのか、「判断の規準」を明らかにして、自分の考えを深める場面であった。

　前時の子どもたちのふり返りからは、「原子力発電をなくすべき」と書いた子は1人（「い児」）だけで、「新しい安全規準を満たせば、再稼働をしても良い」と、書いた子どもは26人いた。このままでは、1対多数となって話し合いが難しそうだったことから敢えて、その1人の子どもの意見を大きく取り上げて「い児」が皆に語るように授業を進行した[(1)]。

　第10時において「判断の規準」にかかわる主な発言部分を明らかにする。○内の数字は発言番号を表す。

（1）第1の場面

　ただ一人、原子力発電をなくすべきと書いた「い児」が、学級の皆に考えを述べる場面で、「人間の安全」という「判断の規準」に基づいて説明している。

① 教員 ：「原子力発電を止めてしまった方がいい」という人は1人だけで、「原子力発電を減らそう」という人は5人でした。（原子力規制委員長代理の）島崎さんが作った新しい安全基準に合格した原発は動かしても良いという人が全部で26人いました。…（中略）…「原発はゼロにする」と考えたのは1人しかいないので、理由を話してもらいます。

② い児 ：なぜなら、（原発の事故が）1回起きてしまい、自分の住んでた町に帰れない人たちの悲しみを無駄にしてはダメだと思うからです。いくら安全だと言っても想像できないことが起こるかもしれません。そんなことに時間を費やさないで、地熱・風力の発電量を増やすためにどうすればいいか等、原発再稼働よりも考えるべきことが沢山ある

と思います。「人間の安全を第一に考えて」いかなければいけないと思います。

③ 教員 ：「人間の安全を考える」という「判断の規準」のことをはっきり言っていますね。「い児」くんに質問や意見はありませんか。「安全」や「安全基準」を「判断の規準」にしている人は多いのですが、考えた結果が「い児」くんと違う人も多いのです。

④ う児 ：ずっと、そのように「人間の安全」ばかりを考えていたら、他の発電方法だって「人間の安全」に良くない物があるんだから……考えてばかりいられない。

⑤ い児 ：他の発電方法と違って原子力発電は万が一放射性物質が漏れたら被害が大きい。

⑥ う児 ：たとえ、被害が大きいとしても、（東京の）人たちは電気を使っているのだから、そんな、事故のことばかり考えてはいられない。

（2）第2の場面

原子力規制委員会が設けた新安全基準に合格した原発ならば再稼働を認めようとする「か児」「う児」と、「い児」の話し合いの場面

⑦ か児 ：安全基準に合格した安全な原子力発電所を少しだけ動かして、その間に、地熱や水力の発電も徐々に動かしていけば良いと思った。

⑧ い児 ：福島第一原発も、東日本大震災で事故が起きるまでは、安全と言われていたのに、事故は起きてしまった。今回も、安全基準を厳しくしたらきっと大丈夫だろうと言っていたら、その基準を超えるような大地震や大津波が来て壊れてしまった。

⑨ 教員 ：だいぶ厳しい基準でも、まだ、安心できないということ。では、このことについて、皆さんはどう考えますか。自分の立場を言ってから考えを言って下さい。

⑩ か児 ：私は安全な原発を少しだけ動かせば良いという考え方でしたが、い児さんの「自分の住んでた町に帰れない人たちの悲しみをむだ

にしてはダメだと思う」という言葉が心に残って考えを変えた。

⑪ う児 ：資料には安全対策として「津波対策」の写真が出ているけれど堤防がこれだけ大きければ大きな地震や津波が来ても大丈夫だ。安心して良いと思う。

⑫ 教員 ：これだけ大きな防潮堤で新しい安全基準で大丈夫だということですね。

　以上が「判断の規準」にかかわる授業の記録の主な部分である。

　第10時で「い児」の話を聴いた子どもたちに大きな変化が起きた。ふり返りに「い児」に影響を受けたと思われる記述があった者が14名いた。それらは、表4の「聞いて変化があった」欄に○印を付してある。

　また第9時には「新しい安全規準を満たせば、再稼働をしても良い」と書いた26人のうち、そこに留まったのは5人であった。反面、「安全な原発でも全ては動かさない、原子力発電所をゼロにしたい」は6人から22人に増えたのである。

表3　第9時の立場からのまとめの意見文の立場における変化

		第10時に，原発を0にしたいと語った「い児」の話を聞いた後に，単元末に決めた自分の立場						
		ア	イ	ウ	エ	他	合計	その他の意見
第9時の読売新聞の社説を読んだ後の立場	ア	1	1	1	2	2	7	中立？、再稼働反対？
	イ	0	3	2	12	2	19	一県に集中させる？、電力不足時再稼働？
	ウ	0	0	0	4	1	5	ずっと議論し続ける？
	エ	0	0	0	1	0	1	なし
	合計	1	4	3	19	5	32	

表4 「判断の規準」の変化ならびに「い児」の考えを聴いてどのように考えたか

児童整理番号 2014年9月16日原子力発電に関する判断規準(右)と意見(下)	1自然への安全	2 2人への安全	3費用が高い安い	4発電量の多寡	6二酸化炭素の排出量	5再生可能か	7輸入か自給か	2014年9月19日の立場 読売新聞説読んで	2014年9月20日 今日「い児」の考えをどのように考えたか?	聞いて変化があった	まとめられた「判断の規準」(右)意思決定(下)	立場	1自然への安全	2 2人への安全	3費用が高い安い	4発電量の多寡	6二酸化炭素の排出量	5再生可能か	7輸入か自給か	8地元住民への説明・地元の声を聴く
26 壁があっても、放射性物質が漏れたら大被害に。			◎	○	○			ア	ア⇒イウへ変更する。30年以内に大地震が起きる可能性が70%ある。原発が沢山あって大変な事に。		原発再稼働反対	エ	○							
18 もしも地震が来たら不安です。				○				イ	まだ心配。東日本大震災の時は五重の壁はだめだった。原発事故が原因で自殺した人や死んだ人もいる。		原発を減らす	ウ		○						
13 東日本大震災のような原発の大事故につながらないかぎり、原発は増やして良い。核廃棄物の埋め立て場所はやむを得ない。	○		○	○	○		○	イ	15番さんに反対。なぜなら、いくらフランスが原子力発電にこだわっていても、過去に事故が起きていないか。技術力が高いからなのかもしれない。日本は福島第一原発で事故も起きたし、活断層も多い。だから、原発の再稼働には積極的に賛成はしない。		原発再稼働反対	エ	○	○	○					
27 少し増やして良い。たくさん工夫している。でも、震災が起きると大変。	○	◎	○		○	○	○	イ	イ⇒ウへ。未だに家に帰れない人のことを考える。		原発再稼働反対	エ					○			
28 普段は、五重の壁で安全だが、東日本大震災のように原発が爆発すると自然にも人にも被害が出る。				○				イ	地元の人のことを考えると、立場はウが良い。未だに事故が起きていない原発も、地元の人々にとっては怖い存在だろう。		原発再稼働反対・なくす	エ								○
30 五重の壁も爆発したら意味がない			○	○	○			イ	イ⇒ウへ変更する。地元の人の声で原発を減らして良い。でも、大地震が起きなければ大丈夫。		原発再稼働反対・なくす	エ	○	○						
「判断の規準」の人数	5	6	10	12	3	8	1				「判断の規準」の人数		9	11	3	0	4	0	0	6

註:本表では立場ア・イから、立場ウ・エへを変化させた子どもたち17名のうち、本文中で説明する子どもだけを記載した。

99

この変化には大変驚かされた。発言の記録の抜粋に掲載したとおり、「い児」への賛同を表明したのは「か児」1名だけである。しかしこの大きな変化を促した画期が第10時であったと考えられる。立場ア・イから立場ウ・エへを変化させた子どもたち（表3の太数字、太線囲みの17名）が、第9時までふざけた適当な気持ちで取り組んでいて、第10時に「い児」の話を聴いて安易に立場を変えたとも思えない。この17名の考え方の変化や、「判断の規準」は何だったのだろうか。

　その検討のために作成したのが、表4【「判断の規準」の変化ならびに「い児」の考えを聴いてどのように考えたか】である。

　表4には、17名のうち第9時で立場アを選んだが、まとめの意見文では、立場ウ・エに変化させたNo.31とNo.4は欠席して「い児」の話を聞いていない。そこで、No.26を詳しく見る。No.26は第8時には「壁があっても、放射性物質が漏れたら大被害に」とふり返っている。

　No.26は第10時に「い児」の話を聴いた後に「30年以内に大地震が起きる可能性が70％ある。原発が沢山あって大変な事に」と書いた。No.26はまとめの意見文では、原子力発電所の再稼働は反対だと書き、「判断の規準」も「3　費用が高い安い」から「1　自然への安全」を第1の規準にするようになった。

　次に第9時において、立場イを選んだがまとめの意見文では立場エに変化させた12人のうち、特に大きな変化があったと思われるNo.13を詳しく見てみる。第8時には「東日本大震災のような原発の大事故につながらないかかぎり、原発は増やして良い」とふり返っている。第10時に「い児」の話を聴いた後には「日本は福島第1原発で事故も起きたし、活断層も多い。だから、原発の再稼働には積極的に賛成はしない」と書き、まとめの意見文では再稼働反対と書いた。「判断の規準」にも新たに「2　人への安全」を加えた代わりに「4　発電量の多寡」と「5　再生可能か」は、使わなくなった。

表5　立場ア・イからウ・エに変化した17人の「判断の規準」の変化

「判断の規準」	1 自然への安全	2 人への安全	3 費用が高いか安いか	4 発電量の多寡	5 二酸化炭素の排出量	6 再生可能か	7 輸入か自給か	8 地元住民への説明・地元の声を聴く
第8時に選んだ人数	5	6	10	12	3	8	1	－
まとめの意見文を書く時に選んだ人数	9	11	3	0	4	0	0	6
増　　　減	4	5	-7	-12	1	-8	-1	6

　これら2名の変化の検討から、この17人は、自分の考えの基になる「判断の規準」を変更したと推測できる。それをまとめたのが、表5【立場ア・イから立場ウ・エに変化した17名の「判断の規準」の変化】である。表5で確かめてみると、［1　自然への安全］、［2　人への安全］、［8　地元住民への説明・地元の声を聴く］は増えて、［3　費用が安いか高いか］、［4　発電量の多寡］、［6　再生可能か］が大きく減っている。

　これらから「い児」の発言②⑤⑧は、この14名に影響を与えたと考えられよう。話し合いの時は「い児」に対して明確に賛同したのは「か児」だけだったのに「い児」の発言だけが影響を与えたと考えてよいのだろうか。この点について考えてみる必要があろう。

　可能性として考えられるのは、第1にこの第10時に発言した子どもは比較的弁の立つ再稼働推進・維持派（立場ア・イ）の子どもが多かったことである。「再稼働反対」と発言することで、その再稼働推進・維持派（立場ア・イ）の子たちから反論されて、言い返せないということへの恐れがあったのではないかと推察されるが、検証は難しい。

　第2に考えを変化させた14人の子どもたちは、実は何を大切に考えてよいのか潜在的に迷っていたことがあったのではないか。それが「い児」の発言によってはっきりと自覚させられたと考えられないだろうか。第8時（9月16日）の子どもたちの意見には、原発に対する肯定的な考えだけでなく「人の安全」「自然の安全」を大切にしたことが窺える表現が散見される。例えば、「(No.18)もしも地震が来たら不安です」、

「(No.28) 東日本大震災のように原発が爆発すると自然にも人にも被害が出る」、「(No.30) 五重の壁も爆発したら意味がない」、「(No.27) でも、震災が起きると大変」などである（表4の灰色帯部分）。子どもたちは、「判断の規準」に基づいて考えようとはしているが、その優先順位をどのように考えればよいのかが曖昧なのだろう。新しい資料、新しい考え方に出あったり、他の子どもの考えを聴き応答したりすることを通じて、その順序性を形成すると考えられないであろうか。そのような潜在的な迷いがあればこそ、第9時の読売新聞社説を読んだ直後に、立場ア・イが26名にもなったことがうなずける。社説の主張をそのまま受け取った可能性が強いからである。そして次の第10時に、迷いに対して考えを深める出来事が起きた。それが「い児」と「か児」の論争する内容を聞くことであった。

　「い児」の発言②に対する「か児」の1回目の応答は発言⑦で、「安全基準に合格した安全な原子力発電所を少しだけ動かして、その間に、地熱や水力の発電も徐々に動かしていけば良いと思った」と語っている。これに対して「い児」は発言⑧で、「安全基準を厳しくしたらきっと大丈夫だろうと言っても、その基準を超えるような大地震や大津波が来て壊れてしまった」と反駁し、新しい安全基準をそのまま信じることを批判する。これに対する「か児」の2回目の応答は発言⑩で、「安全な原発を少しだけ動かせば良いという考え方でしたが、い児さんの、『自分の住んでた町に帰れない人たちの悲しみをむだにしてはダメだと思う』という言葉が心に残って」考えを変えたと述べる。何を大切に考えてよいのか迷っていた子どもたちは、「判断の規準」を他者である「い児」と「か児」の論争を聴くことで明らかにしたのではないだろうか。

　具体的に紹介した子どもの変化を追ってみる。すると表4の9月20の欄にあるように「(No.18) まだ心配。東日本大震災の時は五重の壁はだめだった。原発事故が原因で自殺した人や死んだ人もいる。」、「(No.28) 地元の人のことを考えると立場はウが良い。未だに事故が起きていない

原発も地元の人々にとっては怖い存在だろう」、「(No.30) 立場イからウへ。地元の人の声で原発を減らして良い。でも、大地震が起きなければ大丈夫。」、「(No.27) 立場イからウへ。未だに家に帰れない人のことを考える」など、2人の論争の影響と考えられる変化が読み取れる。

　以上のように「自分の住んでいた町に帰れない人たちの悲しみ」や「安全だと言っても想像できないことが起こるかもしれ」ないなど、「判断の規準」を明確にさせて話し合うことよって、争点が明確になり考え方が深まったと考えられよう。次に「判断の規準」に基づいて子どもたちが話し合うことについての課題を明らかにしていきたい。

第3項　「判断の規準」に基づいて論争することの課題

　ここまでの「い児」の発言に端を発した話し合いには課題も残された。「い児」の発言②⑤と「う児」の発言④⑥の議論の仕方についてである。この【第1の場面】で「い児」は一貫して「人間の安全」を「判断の規準」にして主張し続けるが、反論する「う児」は「判断の規準」を明言していない。だから「い児」と「う児」の意見がどのような背景で対立しているのかが分かりにくい状況であった。ならば教員は「う児」に「判断の規準」の明示を求めるべきだったといえよう。この話し合いの文脈からは「電力の不足」を「判断の規準」にしていたと考えられる。つまり小学生段階では、自分の意見について表面的な理由を述べることは行いやすいが「判断の規準」などやや深層的な理由に迫ることは難しい子どももいると推察される。先に見たように子どもは、友だちの考えや新聞の社説にある考え方をそのまま受け入れることも分かってきた。特に「判断の規準」に基づいて初めて学んだばかりであったからこそ、小学生なりに考えた「判断の規準」を明示できるように、教員が助言していくことの重要性が示唆されたと考えられる。

　この話し合いはまだ単元の途中で、「う児」のように「判断の規準」を明示できるまでに至っていない子どももいる。さらに、話し合いの授

業記録からだけでは、本当に一人一人の子どもが「判断の規準」に基づいて、原発再稼働について考えを深められたのか、教員も判断し切れない。このように考えると「政治的リテラシー」を育成するための論争問題学習において「判断の規準」に基づいて話し合ったり、意見を書いたりすることに慣れるように学習活動を積み上げていくことや、「判断の規準」に基づいた評価方法を明らかにすることが求められると考えられる。

　この政治的リテラシーの評価については、第3章第4節において詳しく論じる。

第4項　〈第1実践〉の成果と課題

　はじめに、「判断の規準」に基づいて討論や論争を行うことが政治的リテラシーの育成にどのように生かせたのか、この点について成果を述べる。

　子どもたちは、太陽光発電、風力発電、水力発電、地熱発電、火力発電、そして原子力発電に至るまで、様々な発電方法について、自分で考えた「判断の規準」に基づいて、発電量を増やすか減らすかを考えることができた。さらに、新聞社の社説でも二分されていた原子力発電所再稼働という時事的な論争問題についても、子どもたちは特に「い児」という他者の「判断の規準」に思考を揺さぶられながら考えていた。

　「判断の規準」を生かしながら話し合っていた子どもたちの学ぶ様子から、子どもたちは原子力発電所再稼働に賛成か反対かという争点を創り出し、そして争点に立ち向かい自分の「判断の規準」を自覚しながら原子力発電所再稼働について判断しようとしていたと考えられる。

　第10時の話し合いまでは、自分だけでは考えもしなかった、もしくは考えてはいたが余り深く考えていなかった「故郷に帰れない人がいる」という事実に、自分の考えが揺さぶられ、より真剣に考えて判断する子どもたちの姿が窺えた。子どもたちに「判断の規準」を意識しなが

ら論争問題について考えるように促したことで、小学生の子どもたちでも、「判断の規準」に基づいて考え、自分が大切にしている「判断の規準」＝価値観を自覚するようになる傾向が読み取れた。

　続いて主に毎時のふり返り（自己評価）と「判断の規準」のかかわりから、政治的リテラシーがどのように育成されたのかについて成果を述べる。

　例えば第9時には「再稼働をしても良い」と書いた26人のうち、第10時にも「再稼働をしても良い」に留まったのは5人であった。それに対して、「安全な原発でも全ては動かさない、原子力発電所をゼロにしたい」という考えに変更した子どもは、6人から22人に増えた。

　このように変化していく子どもたちの学びの事実を可視化し、その変化の理由を「判断の規準」と関連付けて、考察の根拠になるように作成したのが、表3、表4、表5である。このように、教員が子どものふり返り（自己評価）を時間の経緯に伴って追うことで、子どもの学びにおける考え方の変化を確定すると共に、その理由についても考察することが容易になった。授業者は「判断の規準」を中核にして、個々の子どもの学びの状況やその変化を把握しやすくしていった。同時に学級全体の変化の傾向も捉えやすくしたのである。

　第9～10時の学習では争点が「原子力発電所再稼働に賛成か反対か」と明らかだった。だから教員が子どもたちにふり返り（自己評価）の規準を示す必要はなかったし、実際に示すこともなかった。それでも、子どもたちは自分で学習の争点について「判断の規準」を明らかにしながらふり返り（自己評価）を書くことができたことは注目してよいと考える。

　〈第1実践〉の授業は、子どもたちが「判断の規準」を用いて自分の考えを明らかにする学習方法を学び始めたばかりの頃に行われた。そうであるならば〈第1実践〉において、毎時の終わりにふり返り（自己評価）を書く活動は、子どもたちに対して「判断の規準」に基づいて考える学習方法を繰り返し身に付けさせる効果が大きかったと考えられる。

続いて子どもたちの「当事者性」の育成について「判断の規準」の推移から考察する。

　表５で確かめると子どもたちが大切にした「判断の規準」は、第８時から単元のまとめに向けて、［１　自然への安全］、［２　人への安全］、［８　地元住民への説明・地元の声を聴く］は増えて、［３　費用が安いか高いか］、［４　発電量の多寡］、［６　再生可能か］が大きく減っている。

　このような変化が起きた理由は、「い児」の発言②⑤⑧によることは既に述べた通りである。このことは一体何を意味するのであろうか。子どもたちは第８時までは［３　費用が安いか高いか］、［４　発電量の多寡］、［６　再生可能か］などの「判断の規準」を重要視していた。つまり経済性を重視していたのである。福島第１原発事故で故郷を失った人々や避難で苦しんでいる人々のことを考えたり、地域の人々や自然環境への安全性を軽視したりする点で、原子力発電所爆発事故に対する意識そのものが「他人事」であったと考えられる。

　その意識が「い児」の発言②⑤⑧を聞いたことによって原子力発電所の地元地域の人々や自然環境の安全を重視することに考えが変化し始めた。さらに大きな変化を感じさせられたのが［地元住民への説明・地元の声を聴く］という「判断の規準」が新たに生み出されていったことである。「い児」の「（原発の事故が）１回起きてしまい、自分の住んでた町に帰れない人たちの悲しみを無駄にしてはダメだと思うからです。いくら安全だと言っても想像できないことが起こるかもしれません」という言葉（発言②）に影響された子どもたちのなかには、原子力発電所再稼働には地元住民への説明・地元の声を聴くということが大切なんだという考えが生まれたのである。つまり「当事者性」育成以前の段階として、原子力発電所の地元（この地元という言葉は、正確に言うと、原発が立地していない周辺地域のことも含んでいる概念である）地域に住む人々のことを、［地元住民への説明・地元の声を聴く］ことが必要な存在、つまり「自分が『当事者』と考えた人々」として捉えることが、子どもたちに求められ

ていることが明らかになったのである。

それは子ども一人一人が、原子力発電所再稼働問題に対して、賛成／反対のどちらの立場を選択するのかにかかわらず、原子力発電所は、原発が立地する地元地域の住人には、大きな被害をもたらすという揺るぎない認識－原子力発電所事故に対する地元住人の切実感－をもつことが、「当事者性」育成の前提になることを表している。

次に課題について検討したい。はじめに「判断の規準」に基づいて討論や論争を行うことが政治的リテラシーの育成にどのように生かせたのか、この点について課題を述べる。

第10時の話し合いには課題が残されていた。例えば「い児」の発言②⑤と「う児」の発言④⑥の議論の仕方には、その課題が顕著に表れている。

この【第1の場面】で「い児」は一貫して「人間の安全」を「判断の規準」にして主張し続けるが、反論する「う児」は「判断の規準」を明言していなかった。だから「い児」と「う児」の意見がどのような「判断の規準」で対立しているのかが周囲で聴いている子どもたちには分かりにくい状況だったのである。本来ならば、そこで教員は「う児」に「判断の規準」の明示を求めるべきだったのにもかかわらず。

話し合いの記録からは「う児」は「電力の不足」を「判断の規準」にしていたと推察できる。このことから、小学生段階では自分の意見について理由を表面的に述べることは行いやすいが、「判断の規準」など価値観に立ち入った深層的な理由に迫ることが難しい子どももいることが推察される。小学生なりに考えた「判断の規準」を明示できるように、教員が助言していくことの重要性が示唆されたと考えられる。

この「い児」と「う児」の話し合いでは、まだ単元の途中で「う児」のように「判断の規準」を明示できるまでに至っていない子どももいる。さらに、話し合いの授業記録からだけでは、本当に一人一人の子どもが「判断の規準」に基づいて、原子力発電所再稼働について考えを深めら

れたのか、教員にも判断できない様子が窺える。

　このような実践上の問題点から、「政治的リテラシー」の評価方法においては、子どもたちが「判断の規準」を明らかにしながら、自分の意見や考えを述べることができるようにすることが、求められると考えられる。

　この課題に対して先に方法を述べると、次節の〈第2実践〉においては、「判断の規準」に基づいて書くことや予想される反論やそれへの反駁を書くなど意見文を書く「型」の指導を通して改善を図る対策を講じることになる。

　続いて、「判断の規準」にかかわる範囲で、教育的鑑識眼の生かし方について考察する。

　〈第1実践〉における課題として、具体的に検討することは、原子力規制委員会が制定した原子力発電所改修の新基準をどのように評価するのかについては一切議論を行っていないという点である。

　「い児」は発言⑧で「安全基準を厳しくしたらきっと大丈夫だろうと言っていたら、その基準を超えるような大地震や大津波が来てしまうかもしれない」と言っている。それに対して「う児」は発言⑪で「堤防がこれだけ大きければ大きな地震や津波が来ても大丈夫だ、安心して良いと思う」と反応している。これらの話し合いにかかわる内容についての課題である。

　この話し合いにおいて「い児」と「う児」は「専門家の知識を信じるか信じないか」という「判断の規準」に基づいて議論していることが窺える。

　この場面で、授業者は原発再稼働に向けた新安全基準の事実について、それ以上は深入りしないで議論を終わらせていた。本来ならば、「新しい津波対策の堤防の高さなら、本当に予測される津波を防げるのでしょうか。〇〇mを超える津波は、何年に一度の割合で起きているのですか、調べてみましょう」など、子どもたちに科学的なデータを調べるよ

うに促しの言葉がけが必要だったのではないだろうか。

　子どもたちが「判断の規準」の使い方を伸ばせるようにするためには、専門家の知識そのものも検討する対象にした方が良かっただろう。本実践を学会で発表した際に「科学的リテラシー」の涵養に重点があり理科や科学の実践でだと指摘されたことがある。しかしながら原子力発電所再稼働・建設問題はトランス・サイエンスの問題として、社会科で実践することに意味があると考える[(2)]。そうした方が、トランス・サイエンス問題について理解を深める可能性があったからである。

　松下良平が述べるように〈鑑識眼にもとづく教育評価〉が、「評価対象を肯定／否定のいずれかに色分けすることよりも、肯定的な側面と否定的な側面がときに相関的であったり分離不可能であることにも配慮しながら、対象を多義的あるいは複眼的に評価する」ことを前提としていたとしても、教員自身にも当該論争問題を支える基本的な知識がないと、子どもが思考したり、判断をしたりした内容の妥当性を評価することができなくなってしまうのである。

　つまりこの場で行われた「い児」の発言⑧と「う児」の発言⑪における論争点については、津波の破壊力とそれを防ぐ防潮堤の耐性にかかわる知識や、大きな破壊力のある大津波は歴史上においてどれくらいの割合で起きているのかという災害史にかかわる知識も同時に検討できる能力がないと、教育的鑑識眼は十分に機能できないことになる。以上が〈第１実践〉の課題としてあげられよう。

第4節　〈第2実践〉「発電方法の未来を考える　その2」

―論争問題の意見文をパフォーマンス評価し、その限界を教育的鑑識眼と教育批評で補う評価方法―

第1項　意見文をパフォーマンス評価する評価活動の構想

　社会科の評価研究の課題として、豊嶌・柴田ら（2016）が指摘したのは「市民的資質の『指導と評価の一体化』は放置状態である」[(1)]ことである。本研究に置き換えると「政治的リテラシー」の指導と評価の一体化はなされているのかということになろう。

　そこで、子どもたちの論争問題学習でのアウトカム（学習成果）の評価方法とその実践的な課題を明らかにすることを本実践の目的とした。

　この目的を達成するために、3つの段階を踏む評価方法を仮説として提唱し、それを実施することによって、その課題を明らかにしていく。

　【第1段階】は、子どもたちがアウトカム（学習成果）を産出することである。教員側から見ればアウトカムの収集となる。その際、アウトカム評価の対象は、意見文が有効であることを明らかにする。

　【第2段階】は、パフォーマンス評価の規準・基準を示すルーブリックを作成し、それに基づいて評価をし、モデレーションを経てルーブリックを修正することである。

　【第3段階】は、子どもたちの多様な学びを評価する上でルーブリックには限界があることを明らかにし、教育的鑑識眼と教育批評で補うことである。

　第2章第3節では意見文というパフォーマンスが「政治的リテラシー」のアウトカム評価の対象として適切な理由を述べた。

　しかしパフォーマンス評価にも、実践上の課題と限界がある。その1点目はパフォーマンス評価型の標準テストの普及で、その当初のオルタ

ナティヴとしての役割が終わろうとしていることである[2]。2点目はルーブリックの作成と評価、モデレーションの実施、子どもへのフィーバックなど、実際に実践を行ってから分かった課題である。それはルーブリックの記述語だけでは評価しきれない子どもの多様な学びが存在するという事実である。例えばある子どもが「第一の判断の規準の『人々の安全』を考えれば、『原発ゼロ』という答えになる」と意見文に書いた。2人の評価者は共に評価規準ivを基準3とした。この子は、最も不遇な人々の利益を最大化することが社会正義と考える価値「公正」に立脚したにもかかわらず、最高基準4とは評価されなかった。なぜこの例のような事態が起きてしまったのか、作成したルーブリックのセルごとに書かれた記述語に問題があったのか、それとも、子どもの記述を読み解く教員側の教育的鑑識眼に問題があったのか、この点について考察を深めることも本節の課題となる。

第2項 「判断の規準」に基づいて記述する意見文タイプの パフォーマンス課題

　授業の概要は〈第1実践〉と同様であり、表1を参照してほしい。

　第10時は「前時に読んだ読売新聞社説について話し合い、原発再稼働についての争点はどこにあるのか、『判断の規準』を明らかにして、自分の考えを深める場面」であった。教員が予め「原発再稼働に賛成か反対か」という争点を示したのではなく、子どもたちが対話しながら争点を見つけられるように教員が留意して授業を進め、子どもたちに、「原発再稼働への賛否」という争点があることに気づかせた。

　授業では規準i＝「社会的事象や時事問題の対立点、論点や、それらの背景となる基本的事実を理解する」ことに取り組ませた。意見文を書くパフォーマンス課題では予想される反論やそれへの反駁を書く「型」が身に付くように問いの順番を工夫した（図3）。問①から問⑥までは、授業中に学習したことに基づいて考えれば子どもたちには答えられる内

容である。

　しかしながら、問⑦の「あなたも、あなたに反対に人も、お互いに納得できるアイディアがあれば書いてみましょう」だけは、発展的な問いであり、授業中の反論や反駁でアイディアを考えていない子どもには、難しい問題と言えよう。

問題　次の読売新聞の「社説」と、東京新聞の「記事」を読んで、考えて意見文を書きましょう。ただし、下に書いてある①〜⑦の条件に気をつけて、書いてください。

①現在、電力の問題では、どのような論争点（対立点）が、考えられますか（見つけましたか）。
②あなたは、その論争点（対立点）について、どのような考えをもっていますか。
③なぜ、あなたは、そのように考えたのですか。理由を説明しましょう。理由を説明するときには、資料を参考にしましょう。（資料は掲載を省略）
④あなたは、どのような「判断の規準」で考えましたか。第1に考えた規準、第2に考えた規準、第3に考えた規準と、大切にした「判断の規準」の「順番」をはっきりさせて書いてください。「判断の規準」は、多くても3つまでにしましょう。一つ一つについて詳しく書くようにします。
⑤あなたの考えに対して、反対意見をもつ人から、反論を言われるかもしれません。どんな反対意見を言われそうですか。
⑥そして、その人には、どのように言い返しますか。
⑦あなたも、あなたに反対の人も、お互いに納得できるアイディアがあれば書いてみましょう。
次に、読売新聞と東京新聞を読んでみましょう。
　読売新聞【社説】　原子力発電所政策「重要電源」支える工夫が要る
　　2014年8月28日　内容、省略
　東京新聞【記事】　今夏　原発ゼロでも余力再稼働必要なし
　　2014年9月21日　内容、省略

図3　"learning outcome" を測るパフォーマンス課題

第3項　政治的リテラシーのアウトカム評価の実際

　パフォーマンス評価は評価者Ａ・Ｂの２人で行った。１人は授業者＝筆者で、もう１人は子どもたちとは面識のない大学院生である。

　はじめにパフォーマンス評価とモデレーションの結果を概観する。１回目（2014年11月）に使用したのが表6［ルーブリック　その1］で、

表6　ルーブリックその1（2014年11月）

規準／基準	i 社会的事象や時事問題の対立点、論点やそれらの背景となる事実を理解する。	ii 社会的事象や時事問題の対立点、論点について、多面的（他者の視点）な見方で考えて、意見を書いている。	iii 読みとった情報・知識を、自分の主張の根拠にする。	iv なるべく多くの人が幸せになれる条件を考えて折りあい、決定する。
4	新規準で安全と判定された原子力発電所を再稼働させるか（読売新聞）、原発ゼロでもこの夏を乗り切ったのだから原発再稼働の必要はない（東京新聞）かという争点・対立点を読み取ることができている。 　背景にある事実は、福島第一原発事故以降に創られた原発の新安全規準と原発がなくても夏のピークを乗り切れたこと。	考えの規準（価値）を明らかにして、論争点・対立点について、自分の意見を書いている。この場合の規準(価値)とは、「人間の安全・健康」、「自然環境への安全」、「原子力発電所の安全規準を高める」、「地元の意見を尊重する」、「二酸化炭素の排出と地球温暖化ん関係」などである。 　自分とは異なる意見が出される（しかも、同じ規準で出される）ことを想定していて、それらを紹介している。	どの資料を用いたのかを明確に示している。 　資料から読み取る情報を、自分の意見の根拠として生かして書くことが出来ている。	自分への反対意見に対して、反論を書くことができている。その上で、異なる意見の人と、お互いが歩み寄れるような提案を書いている。 　例えば、もっと自然エネルギーを使うこと、技術の進歩によってより安全な原発を造ること、自分たちの電気を使いすぎの生活を何と直すなどの提案もありうる。
3	原子力発電所再稼働から、少しそれて論争点や対立点を読み取っている。例えば、原子力発電所をもっと増やすか、原子力発電所はゼロにす	考えの規準（価値）を明らかにして、論争点・対立点について、自分の意見を書いている。この場合の規準(価値)とは、基準4と同様である。 　自分とは異なる意	どの資料を用いたのかを明確に示している。 　資料から情報を読み取ることは	自分への反対意見に対して、反論を書くことができている。ただし、言い返すことに終始し、歩み寄りのための提案は書

113

3	るなどの読み取りである。 　今までの授業で学んだことを、生かしながら、読売新聞と東京新聞から、何が対立点になっているのかを探ってみましょう。	見が出される（自分とは異なる規準から出される）ことを想定していて、それらを紹介している。 　この考え方はわかりやすいが、異なる基準（価値）を比べることになってしまい、議論としてはかみ合わないことが考えられる。これからは、同じ「考える規準」から出される反論について考える学習を心がけよう。	できているので、それを意見文に生かすように、よく考えるとよいだろう。	かれていない。 　言い返す内容に、賛成・反対を超えた、新しい提案を書き入れると、未来に向けた話し合いがしやすくなるでしょう。
2	飯舘村の廃村・帰還問題や福島第一原発事故の悲しさや国の対応の悪さなど、自分の関心のあることを書いていて、新聞の社説や記事から論点がずれてしまっている読み取り方である。 　社会への関心が高いことは大変良いことなので、その気持ちを大切にしながら、2つの新聞の内容をしっかり受け止めてみよう。	考えの規準（価値）を明らかにして、論争点・対立点について、自分の考えを書くことができている。しかし、自分とは異なる意見や考えを紹介できていない。 　自分の考えを書くことはできているので、これからは、自分に対して、どのような反論が出そうかを考えて、授業中に友達の意見や発表を聞くように心がけよう。	自分の主張を裏付けるための資料とは関係のない資料を読み取っている。 　今後は、自分の主張と関係のある資料に目を向けよう。	自分への反対意見に対して、言い返しているが、反対意見の内容とは異なることや、ずれたことを書いてしまっている。または、反論を主書いていない。 　反論がずれてしまった場合には、自分の反対意見の中身をはっきりさせて書き直してみよう。
1	論争点の読み取りについて書いていない。 　今までの授業で学んだことを、生かしながら、読売新聞と東京新聞から、何が対立点になっているのかを探ってみましょう。	論争点・対立点について、自分の考えを書くことができている。これからは、考えの規準（価値）を明らかにして書くようにしよう。 　論争点・対立点について、自分の考えを書くことができなかった人は、よく論争点や対立点がどこにあるのかを見つけるようにしよう。	どの資料を用いたのかが意見文に書かれていないので、書くようにしよう。	自分への反対意見に対して、特に言い返さないままに終わっている人は、これから考えてみよう。 　または、自分への反対意見を想定することができていなかった人は、普段の授業中にどんな話し合いをしているのか良く耳を傾けよう。

表7　ルーブリックその2　改良版（2015年3月）

規準／基準	i 社会的事象や時事問題の対立点、論点やそれらの背景となる事実を理解する。	ii 社会的事象や時事問題の対立点、論点について、多面的（他者の視点）な見方で考えて、意見を書いている。	iii 読みとった情報・知識を、自分の主張の根拠にする。	iv なるべく多くの人が幸せになれる条件を考えて折りあい、決定する。
4	新規準で安全と判定された原子力発電所を再稼働させるか（読売新聞）、原発ゼロでもこの夏を乗り切ったのだから原発再稼働の必要はない（東京新聞）かという争点・対立点を読み取ることができている。　背景にある事実は、福島第一原発事故以降に創られた原発の新安全規準と原発がなくても夏のピークを乗り切れたこと。作文中のどこかに書かれていれば良い。	「判断の規準」（価値）を明らかにして、論争点や対立点について、自分の意見を書いている。　この場合の規準（価値）の例として、「人間の安全・健康」、「自然環境への安全」、「原子力発電所の安全規準を高める」、「地元の意見を尊重する」、「二酸化炭素の排出と地球温暖化の関係」などである。自分とは異なる意見が出される（しかも同じ規準で出される）ことを想定していて、それらを紹介している。	どの資料を用いたのかを明確に示した上で、資料から情報を、正しく読み取り、自分の意見の根拠として生かして書くことが出来ている。	自分への反対意見に対して、反駁を書くことができている。　その上で、異なる意見の人と、お互いが歩み寄れるような提案を書いている。例えば、もっと自然エネルギーを使うこと、技術の進歩によってより安全な原発を造ること、自分たちの電気を使いすぎの生活を何とか直すなどの提案もありうる。
3	原子力発電所再稼働の賛成・反対から、少しそれて論争点や対立点を読み取っている。　例えば、原子力発電所をもっと増やすか、原子力発電所をゼロにするなどの読み取りである。	「判断の規準」（価値）を明らかにして、論争点や対立点について、自分の意見を書いている。この場合の規準（価値）とは、規準4と同様である。　自分とは異なる意見が出される（自分とは異なる規準から出される）ことを想定していて、それらを紹介している。異なる判断	どの資料を用いたのかを明確に示していないが、資料から情報を正しく読み取り、自分の意見の根拠として生かして書くことが出来ている。	自分への反対意見に対して、反駁を書くことができている。　言い返すことに終始し、歩み寄りのための提案を書いていない。　または、歩み寄りの提案を書いているが、抽象的な場合、又は、空想的で実現

3		規準（価値）同士を比べることになってしまい、議論としてはかみ合わないことが考えられる。		不可能と思えることを書いた場合も該当する。
2	原子力発電所再稼働の賛成か反対が、この問題の論争点・対立点であることを読み取っているが、はっきりと文章化してはおらず、文章全体の記述の中から読み取ることができる。	「判断の規準」（価値）を明らかにして、論争点や対立点について、自分の考えを書くことができている。ただし、①自分とは異なる意見や考えを想定して紹介できていない場合、②または、想定した反論が、反論として成り立っていない場合などが該当する。	どの資料を用いたのかを明確に示してはいるが、資料からどのような情報を具体的に読み取ったのかを書いていないので、読み取れたのかが判別できない。ただし、主張する考えと、資料の内容には関連性が認められると判断できる場合。	自分への反対意見に対して、反駁しているが、その反駁の内容が、自分への反対意見の内容とは異なることや、ずれたことを書いてしまっている。
1	飯舘村の廃村・帰還問題や福島第一原発事故の悲しさや事故への国の対応の悪さなど、自分の関心のあることを書いていて、新聞の社説や記事から、原子力発電所再稼働への賛否という論点からずれてしまっている、または、明らかに論点や対立点の読み取り方が間違っている。	論争点や対立点について、自分の考えを書くことができている。ただし、「判断の規準」（価値）を明らかにして書くことができていない。 論争点や対立点について、自分の考えを書くことができていない。	資料から読み取った内容が、明らかに間違っている。 自分の主張を裏付けるための資料とは関係のない資料を読み取っている。 読み取った資料には妥当性はあるが、読み取った内容が、自分の主張とは関係のないことである。 または、もともと自分の主張がない場合も該当する。 自分の既習の知識を根拠としており、しかも、その知識が誤っている。	自分への反対意見に対して、反駁を書いていない。 （規準 ii において、規準4になった場合も該当する）

※下線部分は、ルーブリックその1に対して、変更を加えた箇所である。

モデレーション後に問題点を修正したのが表7［ルーブリック　その2］（2015年3月）の修正版である。

　また1回目の評価とモデレーションの結果を示したのが表8で、2回目のそれが表9である。

　〈第2実践〉における1回目のパフォーマンス評価は、評価者A・Bにとっても、初めてのパフォーマンス評価体験であったことから、2人によるモデレーションには、困難が伴った。

　それは表8の下段部分の評価結果にも表れている。表8には、評価者A・Bが規準ごとに評価した基準1〜4が書かれ、一致した場合には協議結果である「協」欄に、○囲みの数を記載した。両者の評価が分かれた場合、モデレーションによって相互了解するまで協議が行われた。協議結果は「協」欄に記されている数字の通りである。1回目の結果では、2人の評価が一致したのは、規準ⅰ、ⅱ、ⅲ、ⅳそれぞれに、48％、39％、54％、42％で、過半数は規準ⅲのみであった。ルーブリックには様々に解釈できる迷いを生じる記述語が多かった。そこでモデレーションの際にそれらには修正を加え、再度評価者A・Bが同じ意見文でパフォーマンス評価を行った（2015年3月）。その協議結果が表9である。

　表8と表9の結果を比べてみる。1回目には、ルーブリックの記述語では評価できずに評価不可能とされた意見文があったが、2回目にはなくなった。全ての規準において一致率が増加したことから、ルーブリックの修正によって評価の信頼性が向上したことがわかる。また特に規準ⅰは29％増加、規準ⅱとⅲは26％増加とその一致率が向上した。

　次に2回目のパフォーマンス評価（表9）の結果を分析する。評価規準ⅰ〜ⅲは基準4が最も多く、規準ⅳも含め全評価規準において25名以上（80％）が基準4・3に達している。これらの評価結果から本学級の80％前後の子どもたちにアウトカムとしての意見文を書く「政治的リテラシー」が培われたことが読み取れる。ただし規準ⅳについては基

表8　パフォーマンス評価の採点結果
古いルーブリックによって評価した結果　実施　2014年11月

評価規準番号		評価規準 i			評価規準 ii			評価規準 iii			評価規準 iv		
評価規準番号		A	B	協	A	B	協	A	B	協	A	B	協
児童数31名　協は協議後の点数を表す	ヌ	1	1	①	4	2	2	3	4	3	4	4	④
	フ	4	3	3	2	3	3	4	3	4	3	4	3
	ア	4	3	3	4	4	4	4	4	④	3	4	3
	ウ	4	3	3	4	4	4	4	4	④	4	4	④
	エ	4	3	3	2	3	不	4	4	4	2	4	不
	オ	4	4	④	4	3	1	4	3	3	3	3	3
	ヤ	4	3	3	4	3	3	4	4	④	2	4	3
	ユ	4	4	④	4	4	④	4	4	④	3	3	3
	ヨ	4	3	3	3	4	2	4	4	④	2	2	2
	ワ	4	3	3	2	2	2	4	4	④	2	2	2
	タ	4	3	3	4	3	3	4	4	④	2	2	2
	テ	3	3	③	4	1	4	4	3	3	4	2	2
	イ	3	3	③	4	4	④	4	3	4	4	3	3
	ス	4	4	④	4	4	④	4	4	④	4	4	④
	カ	4	4	④	4	3	4	4	3	3	4	4	4
	ナ	4	4	④	4	3	4	4	4	④	2	2	2
	ニ	4	3	3	4	3	3	4	4	④	3	4	3
	ラ	4	4	④	4	3	4	4	4	④	3	3	③
	セ	4	4	④	4	3	4	4	4	④	3	3	3
	チ	4	3	3	4	4	④	4	4	④	4	3	③
	ト	4	4	④	4	4	④	4	4	④	3	4	3
	シ	4	4	④	4	4	④	2	4	3	3	3	③
	ハ	4	3	3	4	4	④	4	3	3	3	3	③
	キ	1	1	1	2	3	2	4	3	3	2	4	3
	ク	3	2	2	3	3	③	3	2	2	2	2	不
	マ	4	3	3	4	3	3	4	4	④	4	4	④
	ノ	2	2	不	不	不	不	不	不	不	不	不	不
	リ	4	4	④	2	2	2	4	3	4	1	1	1
	レ	4	4	④	4	4	4	4	4	④	3	4	4
	ケ	4	3	3	4	4	4	4	4	④	4	4	4
	ツ	3	3	3	4	4	4	4	4	④	3	3	③
一致数（%）		15(48)			12(39)			17(54)			13(42)		
協議後の点数と人数	4点	11人			14人			21人			8人		
	3点	16人			9人			8人			15人		
	2点	1人			9人			1人			4人		
	1点	2人			1人			0人			1人		
評価不可能		1人			2人			1人			3人		

表9 パフォーマンス評価の採点結果
新しいルーブリックによって評価した結果　実施　2015年3月

評価規準番号		評価規準 i			評価規準 ii			評価規準 iii			評価規準 iv		
評価規準番号		A	B	協	A	B	協	A	B	協	A	B	協
児童数31名　協は協議後の点数を表す	児童番号ランダム												
	ヌ	2	2	②	3	2	2	4	1	1	2	3	2
	フ	4	4	④	3	3	③	4	4	④	3	3	③
	ア	4	4	④	4	4	④	4	4	④	3	3	③
	ウ	4	4	④	4	4	④	4	2	4	4	4	④
	エ	4	4	④	3	2	4	4	4	④	3	4	③
	オ	4	4	④	3	4	4	2	4	2	4	3	4
	ヤ	3	3	③	3	4	3	4	4	④	3	3	③
	ユ	4	4	④	4	4	④	2	2	2	3	3	③
	ヨ	3	4	3	4	4	④	4	4	④	3	4	3
	ワ	4	3	4	2	4	2	3	4	4	3	3	3
	タ	3	3	③	3	4	2	4	2	4	2	3	3
	テ	3	3	③	4	4	④	2	4	4	2	3	2
	イ	3	3	③	4	4	④	2	4	4	4	1	3
	ス	4	4	④	4	4	④	4	4	④	4	4	④
	カ	4	4	④	3	3	③	2	2	②	4	4	④
	ナ	4	4	④	4	3	4	4	4	④	3	3	③
	ニ	4	3	4	2	3	2	4	4	④	3	2	3
	ラ	4	4	④	3	3	③	4	4	④	3	3	③
	セ	4	4	④	3	4	3	4	4	④	3	3	③
	チ	3	4	3	4	4	④	4	4	④	3	3	③
	ト	4	4	④	4	4	④	4	1	4	4	4	④
	シ	4	4	④	4	4	④	4	4	④	3	4	3
	ハ	4	4	④	4	4	④	4	4	④	3	3	③
	キ	2	2	②	2	2	②	4	4	④	3	3	③
	ク	1	2	1	3	3	③	4	4	④	2	3	2
	マ	4	4	④	3	3	③	4	4	④	3	3	③
	ノ	1	1	①	3	1	4	4	1	4	3	1	3
	リ	4	4	④	2	2	②	4	4	④	1	1	①
	レ	4	4	④	4	4	④	4	4	④	4	4	④
	ケ	3	4	3	4	3	4	4	4	④	4	4	④
	ツ	4	4	④	4	4	④	4	4	④	3	3	③
一致数（%）		24(77)			20(65)			19(63)			21(68)		
協議後の点数と人数	4点	20人			17人			27人			8人		
	3点	7人			8人			0人			19人		
	2点	2人			6人			3人			3人		
	1点	2人			0人			1人			1人		

準4が8人しかいない。原因は第2項で記したように、規準ivの問い⑦
は発展問題であることと、先に示したルーブリックが質的評価の規準と
して抱える問題点によるものである。「お互いに納得できるアイディア」
という記述語を削除したところ、規準ivの基準3の子どもは全て基準4
になり、基準4は27人になった。

　しかし今回の研究では、教育的鑑識眼によって、子どもの学びを質的
により深く評価することに重きを置くことに意義を見いだしていること
から基準4の記述語はそのままにした。

　修正した［ルーブリックその2］（表7）では、修正箇所を下線で示した。
一致率が最も増加した基準ⅰでは、基準4の記述語に「作文中のどこか
に書かれていれば良い。」という一文を加えたところ、基準4点の一致
人数が11人から17人に増えた。記述語の曖昧さを排除して信頼性を
高め、表現力が不十分な小学生のパフォーマンスを引き出すことができ
たと考えられよう。

　このような修正を加えても以下のような問題が残った。第1に、評価
者2人の評価が一致せずモデレーションで協議した評価がルーブリック
の記述語には当てはまらない場合である（後述するイ児の場合）。第2に、
2人の評価が一致しているにもかかわらずルーブリックの記述語では、
適切に評価されていないと違和感をもつ場合である（後述するウ児、チ児）。
つまりルーブリックの記述語をどんなに詳しくしても意見文の質的多様
さを評価しきれないことが起きるのである。ルーブリックの修正によっ
て評価の信頼性は高まったが、依然モデレーションの一致率は70％前
後で、「政治的リテラシー」や論争問題型学習へのパフォーマンス評価
の限界を感じ始めた。

　また子どもたちに評価した結果を還元したところ「どうすれば、上手
に意見文が書けますか」、「ルーブリックに書いてあること以外で、良い
ところや直すところはありますか」など、意見文の書き方についての質
問や相談が増えた。ルーブリックに書かれた記述語だけでは子どもには

助言が十分に伝わりきらず、次の学習へ生かせていなかった。

　以上のような理由で、パフォーマンス評価を教育的鑑識眼で補う必要
性が生じたのである。

（1）抽出した子どもたちを選んだ理由とそれぞれの意見文

　ここでは抽出した子どもたちの意見文へのパフォーマンス評価を、教
育的鑑識眼でどのように補ったのかを分析する。この分析結果を踏まえ
実践的な課題を考察したい。

　実践的な課題を明らかにするために分析対象として、ルーブリックの
規準・基準や記述語の問題点が浮き彫りになった意見文を書いた子ども
を抽出した。以下に、子どもごとに、その浮き彫りになった評価の問題
点と意見文（表10、表11、表12）を示す。

　【イ児】の意見文では評価規準ivに対して、評価者Aは基準4、評価
者Bは基準1とし、評価者間に大きな隔たりがあった。モデレーショ
ンの結果、基準3に落ち着いた。しかし、記述語の信頼性にかかわる問
題点が浮き彫りになった。

表10　イ児の意見文（記号、漢字、句読点など、原文ママ）

> (1)現在ぼくは、原子力発電所は廃止すべきかどうかで対立になっていると
> 　思います。このことで、ぼくは、読売新聞の考えがいいと思います。
> (2)なぜなら、資料⑥でみるとCO_2が多く出されと時からだんだんと大気の
> 　中のCO_2の濃度が増えているとわかるので、東京新聞の考えではいけな
> 　いと思ったからです。
> (3)また、島崎さんが考えた安全基準なら原子力発電所は安全だからだと資
> 　料⑧⑨から、読み取ったからです。
> (4)火力発電所をもっと増やすと、CO_2がもっとはい出されで、大気の中の
> 　CO_2の濃度がもっとふえて地球温暖化の原因になるのではないかと思っ
> 　たからです。
> (5)ぼくの判断基準は、原子力の安全性のことと、CO_2のはい出量がどうな
> 　るのかという判断です。
> (6)ぼくは、東京新聞派にそれでも原子力発電所は安全とはいえないという
> 　反論がくると思います。そういう時ぼくは大地震はそんなにめったに来
> 　るわけではないと言い返すと思います。またさらにもしもめったにない

大地震がきたらどうするという反論にぼくは津なみが 10 mちかくもきたとしても防潮堤の設置がくい止められると思いますし、万が一来ても扉の水密化で被害が出ることがないと思うからです。

(7)ぼくが思ったことは原子力発電は三分の一くらい減らすというアイデアが一番いいと思いました。また、地元の人達のことを聞いてつくったりすればいい（終わり）

【ウ児】の意見文では、規準iiに対して、評価者A、B共に基準4としたので、モデレーションで協議されることはなかった。「判断の規準」を用いて自分の考えを主張し、反論を想定し、反駁を行うというスキルに対しては適切な評価がされていたが、主張する内容については、本ルーブリックでは十分に対応できていない実態が明らかになった。

表11　ウ児の意見文（記号、漢字、句読点など、原文ママ）

(1)今、電力の問題で論争点となっているのは原子力発電を動かすか動かさないかということです。
(2)僕の考えは原子力発電を安全が確認できたら、再稼働すべきだという考えです。
(3)理由は、今、日本の電力の 30% 程作っていた原子力発電が 1.7% になったため、CO_2 を大量に排出し、温暖化の原因になるし（資料⑤）火力発電の割合が増えているからです。
(4)ほとんど前例のない大災害が起こって原子力発電所で事故を起こした、たった 1 回で温暖化を少なくするかもしれない原子力発電所を全て止めて、火力発電に乗りかえるのはおかしいと思いました。
(5)僕がこんなに原子力発電をおせるのは原子力規制委員会の島崎さん（資料⑧）のおかげです。なぜなら、たくさんの人から反対をうけながらもとても厳しい安全基準を新しくつくってくれたからです。資料⑧のビフォー・アフターを見ると一目りょうぜんです。このように島崎さんが新しい基準をつくって、みんなに原発は安全です！としらしめてくれたから、僕は原子力発電をおせます。
(6)僕の考えに反対してくる人がいるとすれば、それは二酸化炭素は温暖化の原因ではないという人だと思います。なぜなら、二酸化炭素は温暖化の原因ではないので、大事故が起きる可能性のある原発をわざわざ使うよりは火力発電を遣ったほうがいいと考えると思うからです。
(7)僕はその考えに対して資料⑤で対応します。地球は地じくのズレから気温が上下します。だから、二酸化炭素の量と気温が合わないのは当たり前なのです。けれども 1988 年を見ると二酸化炭素の量も気温の高さも一番高いです。このことから、二酸化炭素は温暖化の原因だと考えたと言います。

(8)僕も僕の意見に反対の人も納得できるアイディアは、原子力は前より減らすけれど、火力の割合で天然ガスを増やすことです。原子力が事故を起こす危険性があると考える人には原子力の割合を2010年度の半分位にして、そのかわりに化石燃料でも二酸化炭素の発生が一番少ない天然ガスを使ってもらうことで両方が理解できると思います。

　【チ児】の意見文は、最も不遇な人々の利益を最大化することが社会正義と考える価値「公正」に立脚して書かれている。このような価値観をもつ子どもの場合、意見の異なる者と折り合いをつけることは難しく、規準ivでは基準3しか与えられない。しかも、2人の評価が同じだったことからルーブリックの問題点は協議されずに、見過ごされた。

表12　チ児の意見文（記号、漢字、句読点など、原文ママ）

(1)今、電力の問題には、「原発ゼロ」、「原発再稼働」がある。
(2)私は、「原発ゼロ派」だが、原発は発電量が多く、完全になくしてしまうと、電力が少し足りなくなる可能性があるから、1つくらいあっても良いと思う。
(3)だが、私の「判断の規準」は、人々の安全・健康が大切だから、その1つの原発をどこにつくるのかが問題で、資料①②⑦のように、自分たちの近くにつくられた人々は、いつ事故が起きるのかも分からないものがこんなに近くにあるなんてと、いつもおどおどしなければならないし、もし、本当に事故が起きたら、放射性物質が飛び散り取り返しのつかない大変なことになる。
(4)そしたら、そこの人たちは、その原発を使っていなかったのに、自分たちだけ被害にあうなんて、と思うだろう。そしてどこかにひなんしても風評被害やいじめに合ったりしたら、その人達は、自分達の所に原発をつくった事をうらむだろう。だから、発電量は、人々の安全と比べたらそんなに大きな事ではない。だから第二の判断の規準になる。結きょく、第一の判断の規準の「人々の安全」を考えれば、「原発ゼロ」という答えになる。
(5)けれど、私のその意見について、「発電量」が第一の規準の人から、「原発には資料⑧や資料⑨のように、たくさんの安全な設備をつくったんだし、そんなに大変なことにはならないだろう。しかも、原発は発電量が多く、電力が足りなくなることはなくなるだろう。」と反論されるかもしれないが、私は、「いくらそんなに安全な設備をたくさんつくっても、まだ、対策もたりないし、『完全に安全』とは言いきれないと思う。そして、今はほとんど火力発電で発電は成り立っているんだし、『環境』は私の判断の規準の第三だから、CO_2より放射線の方がやだ」と言い返す（資料

（2）抽出した子どもたちの意見文から明らかになったパフォーマンス評価の限界と教育的鑑識眼の援用

イ児のアウトカム評価から明らかになったルーブリックの信頼性への問題点

　イ児は、⑵⑶⑷の文章で具体的な事実をあげ、次の文⑸で「判断の規準」を示した。想定反論では、自分と同じ「判断の規準」の「原発の安全性」を挙げたことから評価規準ⅱは基準4である。イ児は、「⑹それでも原子力発電所は安全とはいえないという反論がくると思います」と想定反論を書いたが、なぜこのような反論を想定したのかその根拠が示されていない。反論を書いたという形式に影響されることなく、その反論の質的な部分を評価しないと反駁について評価する際にも同様な問題が起きると考えられる。

　イ児は「大地震はそんなにめったに来るわけではない」と反駁する。想定反論への回答になっていない上に根拠も示していない。また「⑹もしもめったにない大地震がきたらどうするという反論」に、「⑹津なみが10mちかくもきたとしても防潮堤の設置がくい止められると思います」と反駁している。しかし、なぜ津波の高さを10mしか想定しないのか理由を示していない。最後に「お互いに納得できるアイディア」を書く段階では、「⑺原子力発電は三分の一くらい減らすというアイディアが一番いい」と書いたがこれも理由や根拠がない。また「⑶島崎さんが考えた安全基準なら原子力発電所は安全だから」という規制委員会という権威にやや盲目的に従う意見文になっている。

　評価規準ⅳに対して、評価者Aは基準を4、評価者Bは基準を1と

した。評価者 A は想定反論とそれへの反駁を書いたという形式を重視して 4 を与えた。評価者 B は「原子力発電は三分の一くらい減らす」という根拠が不明確な「アイディア」では 1 しか与えられないと判断した。評価者 A・B は共にルーブリックの記述語に寄り添いながらも互いに異なる視点で評価を行っておりモデレーションでは、感覚的に折衷せざるを得なくなってしまい結果は基準 3 になった。しかし基準 3 の記述語として、評価者 A、B 両人の考えや思いを表象できる言葉を見つけることはできず、ルーブリックの修正はできなかった。

そこで新たな観点から子どもの学びを見つめ子どもの成長を願い鑑識眼的評価を行った。イ児の意見文の文面からは自問自答している印象が弱いことから、「書き方の形式はできているので、意見やアイディアを出す根拠や理由をきちんと調べましょう」という鑑識眼的評価を伝えて、その後に生かさせることが必要だと考えた。

ウ児のアウトカム評価が表面化させた子どもがもつ価値観の深層を評価する困難さ

ウ児は文(3)(4)(5)(6)で「二酸化炭素の排出」という「判断の規準」を使って記述している。想定反論とそれに対する反駁も根拠や理由を示しながら明示していることから評価者 A、B 共に規準 ii に基準 4 を与えている。最後の文(8)で「化石燃料でも二酸化炭素の発生が一番少ない天然ガスを使ってもらうことで両方が理解できると思います」と「アイディア」も書いている。「判断の規準」を二酸化炭素（以下、CO_2 と略記）の排出とした一貫性がある記述で、評価者 A・B は共に評価規準 iv を基準 4 とした。

ところで原子力発電所事故のような問題に対しては“人間のミス（事故）は人間の努力や技術で防げる”と考えるか“人間は必ず間違いがあり一度事故で壊された生態系は二度と元には戻らない”と考えるのか、

このような異なる考え方が存在する。ウ児は「ほとんど前例のない大災害が起こって原子力発電所で事故を起こした、たった1回で…(中略)…原子力発電所を全て止めて、火力発電に乗りかえるのはおかしいと」と書いた。つまり「たった1回の原発事故」を軽く考えて、原子力発電所再稼働に反対する考え方を「おかしい」と否定した。

　評価する場合、この記述をどのように考えるべきか。「そもそも」原子力発電所の事故は、人々や環境に対してどのような被害や損害を与えるのか、このような結論を慎重に出すべき問題については「たった1回で…(中略)…火力発電に乗りかえるのはおかしいと」判断してしまってもいいものであろうか。ウ児は「判断の規準」をCO_2排出量としているので、放射性物質が人体や地域の環境を汚染する問題と、CO_2の排出増加による地球温暖化の問題を比較しようとしているがそのこと自体がとても困難な問題である。つまりウ児は「判断の規準」を用いて自分の考えを主張し、自分への反論を想定し、しかも反駁も行っていることからリテラシーとしての能力は、規準 ii は基準4で問題はないと考えられる。

　しかしながらその内容に深く立ち入ったときに、この意見文を基準4と判断しきれるだけの「記述語」が、ルーブリックには存在しないのである。そもそもそのような記述語を書くことが可能なのであろうか。どちらの価値が優れているのか劣っているのかを判断することが「政治的リテラシー」を涵養する社会科の役割であると考えられる。これらの点は、モデレーションの際に気づかず、後になってから気づかされた。

　以上のような問題点に対して、鑑識眼的評価では「たった1回の原発事故と書いていますが、その1回の事故のために、どれくらいの人々がどれくらいの被害を受けているのかを受け止めてから、自分の考えを慎重に書きましょう」と助言することが必要だったと考えられる。

　さてウ児は授業中に反駁する際に、CO_2の排出と地球温暖化の関係について自主的に調べて書くほど、この問題に関心が高かった。文(7)「地

球は地じくのズレから気温が上下します。だから、二酸化酸素の量と気温が合わないのは当たり前なのです。けれども1988年を見ると二酸化酸素の量も気温の高さも一番高いです。このことから、二酸化酸素は温暖化の原因だ」という文はCO$_2$排出量と温暖化には関係がないという学説に対するウ児の反駁である。しかし「地球は地じくのズレから気温が上下します。だから、二酸化酸素の量と気温が合わないのは当たり前」と言い切った後、「1988年」だけ「二酸化酸素の量も気温の高さも一番高い」と関連づける考え方にはかなり無理矢理で恣意さえも感じる。

さらに問題を感じさせられるのは文(5)である。ウ児は「資料⑧のビフォー・アフターを見ると一目りょうぜんです。このように島崎さんが新しい基準をつくって、みんなに原発は安全です！としらしめてくれたから、僕は原子力発電をおせます」と資料⑧（図4）[3]だけを根拠に原子力発電所が安全になったと言い切った。資料⑧は、筆者が原子力発電所の最新基準について子どもたちに配布した資料で、授業中に新安全基準について学んだ資料はこれだけだった。この資料⑧には配管の固定の強度や防潮堤はどれくらいの規模の地震や津波に耐えうるのか、またそれらの大地震や津波は、何年に一度の頻度で起きる可能性があるのかなどの情報がない。しかしウ児はこの資料⑧だけを用いて「原発は安全です！」と主張した。ウ児の意見文を鑑識眼的評価して助言するならば、「これらの新安全基準を超えるような、大地震や大津波が来る可能性はないですか。もっと資料を疑って考えましょう」と言うべきだっただろう。

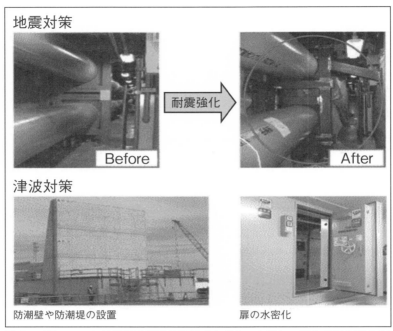

地震対策

耐震強化

Before

After

津波対策

防潮壁や防潮堤の設置

扉の水密化

図4　パフォーマンス課題の資料⑧島崎さんが作った新しい安全基準を踏まえて
　　　強化した原発

　文(4)(5)で自分の主張を強く押し出しすぎている印象を受ける。しかし
文(8)において、原発再稼働に反対する「他者」に対して、火力発電に乗
り換えることを譲歩し、CO_2 排出量を抑えるという自分の「判断の規準」
を基に天然ガスの利用を条件として提案する点は「お互いに納得できる
アイディア」として意味があると判断できる。

チ児のアウトカム評価から明らかになった他者に対する敬意を促す必要性

　チ児は「第一の判断の規準の『人々の安全』を考えれば、『原発ゼロ』
という答えになる」と、賛成派も納得できるアイディアを出さなかった

ことから評価者A・B共に評価規準ivは基準3とした。2人の評価が一致したため、モデレーションでは何も問題がないように思えたが、実は問題が含まれていた。

チ児がこのように考えをまとめた背景には、人々の安全や幸福を考えるときに、最も不遇な人々の利益を最大化することが社会正義になると考える価値「公正」に立脚したからである。このような価値観をもつ子どもの場合、「原発ゼロ」以外の選択肢を考えることは難しいにもかかわらず、意見の異なる者と折り合いをつけないといけないだろうか。

第1項で書いた通り「原発ゼロ」という主張には基準4を与えることができないというルーブリックの規準・基準そのものの妥当性が問われているのである。

このチ児の事例のように、パフォーマンス評価では規準ivは基準3となるが、教育的鑑識眼では「原発事故で最も辛い思いをする人々のことを考えられましたね。異なる意見の人の考えの中に、自分にはない、ナルホドと思える考えを発見できるといいですね」と他者への敬意を促す具体的なアドバイスを与えることができただろう。そうすることによって、折り合いはつけられなくても、少しでも自分とは異なる立場や意見に対して「あなたとは考えが異なるので、賛成しがたいが、あなたが私と同じように一生懸命考えていることは分かるしその態度を尊重したい」という姿勢が育つ可能性が期待できると考えられる。

以上、観察対象3人の事例からルーブリックの記述語だけでは見切れない子どものアウトカムを、教育的鑑識眼で補う必要性を明らかにしてきた。教育的鑑識眼の見とりは、パフォーマンス評価の基準（点）には反映しなかった。ルーブリックの記述語で評価できる部分とそれでは見切れない部分があり、後者を教育的鑑識眼で補う必要があると考えられることが明らかになった。

第4項 〈第2実践〉の成果と課題

　はじめにパフォーマンス評価と「判断の規準」にかかわる成果について述べる。

　パフォーマンス評価のルーブリックにおいて「判断の規準」にかかわるのは評価規準 ii である。ルーブリックその2　改良版（表7）では規準 ii － 基準3・4に共通する記述語は、「『判断の規準』（価値）を明らかにして、論争点や対立点について、自分の意見を書いている」（下線は元々ルーブリックその2に引かれている）である。

　パフォーマンス評価の結果によれば、「評価規準 i ～ iii は基準4が最も多く、規準 iv も含め、全評価規準において 25 名以上（80%）が基準4・3に達している。これらの評価結果から本学級の 80% 前後の子どもたちにアウトカムとしての意見文を書く『政治的リテラシー』が培われたことが読み取れる」と政治的リテラシーが涵養されてきたという判断がなされている。

　このような結果が出されたのは子どもたちが学習中に「判断の規準」に基づいて話し合いを行っただけではなく、毎時間の学習のふり返り（自己評価）でも「判断の規準」という概念を用いながら、自分の学びを内省していった学習活動と関係があると考えられよう。

　また学習デザイン的に見ると、意見文を書くという学習活動を教員が評価に使うための材料を産出してもらうという発想を飛び出し、子どもの学習活動の一環としてとらえ直して学習計画に組み込んだことも影響していると考えられる。

　具体的にはパフォーマンス課題に意見文の書き方を示したことがあげられる。「④あなたは、どのような『判断の規準』で考えましたか。第1に考えた規準、第2に考えた規準、第3に考えた規準と、大切にした『判断の規準』の『順番』をはっきりさせて書いてください」とパフォーマンス課題に明示したのである。このことによって学習中の話し合い

では「判断の規準」に基づいて話したり、ふり返ったりすることができなかった子どもたちに対して、再度学ぶ時間と機会を保障できるように意図したのである。こうした手立てによって、子どもたちにとって意見文を書くというパフォーマンス課題に向かう評価の時間も「判断の規準」に基づいて考える学ぶ時間になっていったと考えられる。

　すなわち子どもたちはパフォーマンス課題を解くことによって、学習中に学んだ「反論を想定したり、それに対する反駁したりする仕方」を復習できる時間として活用することができたのである。そしてこのようなパフォーマンス課題の設定が〈第1実践〉の課題克服への対策となったのである。

　続いてパフォーマンス評価と教育的鑑識眼にかかわる成果について述べる。

　第1点は第1段階の評価の対象に関わる成果である。第1段階とは「子どもたちがアウトカム（学習成果）を産出することである。教員側から見ればアウトカムの収集となる。その際、アウトカム評価の対象は、意見文が有効であることを明らかにする」段階である。学習中の討論は実際に応答がある「他者」からの反論やそれへの反駁を行って「政治的リテラシー」を涵養し、意見文を書くことは「自己内他者」との対話を通して「政治的リテラシー」を涵養することと意義づけた。これにより子どもが書いた意見文を「政治的リテラシー」のアウトカム評価の対象とすることができた。

　第2点は第2段階のパフォーマンス評価の規準・基準に関わる成果である。第2段階は「パフォーマンス評価の規準・基準を示すルーブリックを作成し、それに基づいて評価をし、モデレーションを経てルーブリックを修正する」段階である。この段階の成果は論争学習問題における意見文を「政治的リテラシー」のアウトカムとして評価するためのルーブリックを作成できたことである。

　第3点は第3段階の子どもの多様な学びを評価する方法に関わる成果

である。第3段階は「子どもたちの多様な学びを評価する上でルーブリックには限界があることを明らかにし、教育的鑑識眼と教育批評で補う」段階のことである。この段階ではルーブリックの記述語だけでは評価しきれない子どもの学びを、教育的鑑識眼で補うことによって、多面的に評価できる可能性を示せたことが成果である。なかでも子どもたちを市民として育てる過程で「政治的リテラシー」の中核となる「公正」に関わる思考力や価値観の評価を、ルーブリックの記述語が見過ごしてしまう恐れがあるという問題提起が出来たことは「政治的リテラシー」のパフォーマンス評価の在り方を省察する際に、ルーブリック作成の在り方を見直す上で意義があるだろう(4)。

第4点は【第1段階】意見文によるアウトカムの産出・収集から、【第2段階】ルーブリックによるパフォーマンス評価へさらに【第3段階】教育的鑑識眼による補完という、論争問題学習における「政治的リテラシー」のアウトカムの評価方法を段階的に明確化した点である。

今後、子どもたちへの評価の還元はルーブリックの記述語によるものと、教育的鑑識眼による個別記述によるものを組み合わせる形式を構想することができたことである。

次に残された課題について明らかする。

第1に「判断の規準」とパフォーマンス評価にかかわる課題について検討する。【ウ児】の「判断の規準」に基づいた立論、想定反論、反駁などは政治的リテラシーとしては規準ⅱ－基準4で問題がなかった。しかし後からその内容を検討し直すと、ウ児の記述は慎重さを欠いておりこの記述内容で基準4と評価できるのかが、評価者A・Bで問題になった。そして今後は最初に作成したルーブリックに「もっと慎重に主張を考えるべき」という「記述語」を加えた上で、教育的鑑識眼を援用して助言し、解決するという構想を立てることにした。

ウ児は「判断の規準」を用いて自分の考えを主張し自分への反論を想定した上に反駁も行っていた。リテラシーとしての実力として、規準ⅱ

は基準4で問題はないと考えられていた。しかしその記述内容を深く読み込むと、この意見文を基準4と判断し切れるだけの「記述語」がルーブリックにはないことに評価者が気づいた。

そこで評価者AとBがモデレーション後によく相談を行い、「そもそもルーブリックのセルにそのような記述語を書くことが可能なのであろうか」という考えに達した。この点は評価者がそれぞれに評価をしているときには気づかずモデレーション後になってから気づかされた点である。

以上のような問題点に対して筆者が行った教育的鑑識眼による評価では「たった1回の原発事故と書いていますが、その1回の事故のために、どれくらいの人々がどれくらいの被害を受けているのかを受け止めてから、自分の考えを慎重に書きましょう」と助言することが必要だと考えた。

この事例から「判断の規準」に基づいて考え、話し合い、記述してはいるだけでなく、その記述の内容に深く立ち入ったときに、子どもの記述内容とルーブリックに記述後の齟齬や違和感を大切にして、子どもの意見文を読み解く教育的鑑識眼が求められること自体が課題となることが明らかになった。

続いて、パフォーマンス評価と教育的鑑識眼にかかわる課題について明らかにする。

第1に、ルーブリックのセルの記述語をどのように解釈するのか、評価者2人の考え方の共通理解を深めることが不可欠であった点である。例えばpp.124-127で見た【イ児】の評価規準ivについて、書き方の形式を重視するのか反論や反駁の内容そのものを重視するのかを巡って、評価者AとBでは評価が分かれた。このような場合、教育的鑑識眼と教育批評で補うことで、子どもの考え方の多様性の質的な評価をしていくことの可能性を拓くことができた。

第2に特に【ウ児】の意見文に見られた、パフォーマンス課題に資料

の読み取りを課した場合の問題点について。先ず資料の読み取りを根拠にする際に、説得力のある表現として記述されていたのかという課題が確認できた。次に授業中に教員が提示した資料の質そのものが争点に対する論争や記述を行う上で適切だったのかが問われた。それは原子力発電所の新安全基準の資料⑧（図4）の記載内容についてである。小学生なのだからこれくらいの読み取りと表現でよしとするのか、それとも根拠としてもっと詳しく述べる必要があるのか、規準iiiの記述語を検討する必要があった。

　ルーブリックその2（表7）へ修正した段階で、「自分の意見の根拠として生かして書くことが出来ている」（下線は、表7より）と一文を補った。このことで基準3か4かで迷うことがなくなり曖昧さを排除することができたことは成果である。主張の根拠として書けたという形式を重視して評価したのか、根拠たり得る内容の重厚さを重視したのかが課題だったと考えられる。

　第3に【ウ児】の「判断の規準」に基づいた立論、想定反論、反駁などは、リテラシーの評価としては、規準iiは基準4という評価で問題がなかった。しかし後からその記述内容を検討し直すと、その内容が慎重さを欠いていると読むことができた。そこでこの記述内容でも、基準4と評価できるのかを問題として捉え直した。今後はこのルーブリックに「もっと慎重に主張を考えるべき」という「記述語」を加えた上で教育的鑑識眼で助言して解決するという構想を立てることにした。

　第4に【チ児】の評価規準ivに対して評価者A・B共に基準3しか与えられなかったことを問題視した。チ児のような他者の考えを一度は受け入れた上で、それでも折り合いを考えることができないくらい確固たる価値観をもつ子どもの場合のパフォーマンス評価のあり方が問題にされたのである。このような子どもの場合にはルーブリックの記述語だけでは評価しきれない。そこで教育的鑑識眼で他者に対する敬意を促す助言を与えることが、「政治的リテラシー」を育成する上で望ましいと考

えられることが分かった。

　最後に意見文を書くパフォーマンスと「当事者性」の育成にかかわる成果と課題について明らかにする。

　抽出した３人の子どもたちの意見文のうち、研究課題の１つである「当事者性」にかかわることを考えていたのは、チ児だけであった。まずチ児の意見文で「当事者性」に関係のある部分を明らかにする。

　　(3)だが、私の「判断の規準」は、人々の安全・健康が大切だから、その１つの原発をどこにつくるのかが問題で、資料①②⑦のように、自分たちの近くにつくられた人々は、いつ事故が起きるのかも分からないものがこんなに近くにあるなんてと、いつもおどおどしなければならないし、もし、本当に事故が起きたら、放射性物質が飛び散り取り返しのつかない大変なことになる。
　　(4)そしたら、そこの人たちは、その原発を使っていなかったのに、自分たちだけ被害にあうなんて、と思うだろう。そしてどこかにひなんしても風評被害やいじめに合ったりしたら、その人達は、自分達の所に原発をつくった事をうらむだろう。だから、発電量は、人々の安全と比べたらそんなに大きな事ではない。だから第二の判断の規準になる。結きょく、第一の判断の規準の「人々の安全」を考えれば、「原発ゼロ」という答えになる。（下線部：筆者）

　チ児の言う「自分たちの近くにつくられた人々」とは〈第１実践〉で学んだ福島県飯舘村のことを想定していたと考えられる。または飯舘村と同じように原子力発電所の稼働によって何らかの利益を受けていないにもかかわらず、いったん原子力発電所の事故が起きれば放射性物質の被害によって全村避難のような損害を被る自治体を想定していたと考えられる。

　このことは「そこの人たちは、その原発を使っていなかったのに、自

分たちだけ被害にあうなんて、と思うだろう」という文からも明らかで
ある。

　このようにチ児は原子力発電所が立地する地域（市町村）以外の周辺
地域のことを考え始めていることから「当事者性」の萌芽が感じられる
のである。このチ児のような考え方ができる子どもがいたのは、授業中
に福島県飯舘村のことを学ぶ機会を設けたことが大きく影響していると
考えられる。

　〈第1実践〉において「[8　地元住民への説明・地元の声を聴く]と
いう「判断の規準」が新たに生み出されていったこと」の意義を、既に
述べた。話し合いや論争の場面で子どもたちは「判断の規準」を明らか
にしながら、それらを短い言葉や単語レベルで終わらせず、原子力発電
所再稼働の賛否という学習の文脈にそって具体的な事例地を取り上げる
ことによって自分なりの論理で説明することができていることが分か
る。

　筆者はチ児のこのような学びの姿を受け止めて〈第3実践〉である「川
内原発再稼働は誰の声を優先して決めるのが望ましいか」を構想したの
である。〈第3実践〉の指導案には「子どもたちの中には、原発の再稼
働に際しては福島県飯舘村のように、原発非立地自治体にもかかわらず
大被害を受けた人々のことを考慮することも『判断の規準』にする子が
出てきた。この問題は、価値・公正の点から看過できないと判断する」[5]
と記載した。

　これらのことから「当事者性」を育成するためには、その論争問題に
参加する資格のあると思われる様々な立場の人々（当事者）について学
ぶことの重要性が明らかになったということができる。

第5節 〈第3実践〉「川内原発再稼働は誰の声を優先して決めるのが望ましいか」

－主に視点①「当事者性」にかかわる実践－

第1項 「当事者性」を育成する授業構想

　誰が「当事者」なのかという論争を基に「誰の声を優先して原発再稼働を決めれば良いのか」という論争問題学習を行い、原発再稼働が深い利害関係をもっていると思われる人々＝「当事者」が誰なのかを、子どもたちが判断する。

　その過程で子どもたちは「当事者」であると判断した人々と、原発再稼働の結果としてもたらせられる利害関係の質も明らかにしていく。

　本実践における川内原発再稼働論争の具体的場面を想定すれば、薩摩川内市民が「当事者」だと判断されよう。しかし原子力発電所から30km圏内（避難準備区域）の9自治体は、原子力発電所事故避難計画策定が求められ、「当事者」の範囲は分かりにくい。特に川内原子力発電所から5~20km内に市全体が入る、いちき串木野市は薩摩川内市程度の被害が想定されていにもかからず、薩摩川内市が再稼働で見込む経済的発展、補助金等の利益は見込めない。授業実施時（2017年2～3月）の制度では原子力規制委員会が安全性を承認した場合には、鹿児島県と薩摩川内市が再稼働に同意すれば、首相と関係閣僚が再稼働を決められることになっていた。

　実際に「当事者」は誰か、望ましい再稼働の決め方は何か、有権者の中でも現状に対する批判がある。NHKの調査によれば[1]、表13の問4にあるように「川内原発の再稼働を決めるうえで、どこまでの同意が必要だと思うか」に対して、薩摩川内市民でも「川内原発から30キロ圏内に入るすべての自治体」、「九州地方の全ての自治体」、「国民全体」との回答は65％であった。それに対して、現状の「川内原発がある薩摩

表13 川内原発再稼働へのアンケート調査結果

問1：あなたは、川内原発の再稼働に賛成ですか、それとも反対ですか。次に読み上げる4つの中から1つ選んでお答えください。	薩摩川内市(%)	周辺地域(%)	福岡市(%)	全国(%)
賛成・どちらかと言えば賛成	49	34	37	32
反対・どちらかと言えば反対	44	58	52	57
問2：〔問1で「1.賛成」または「2.どちらかといえば賛成」の人に〕あなたが賛成する理由は何でしょうか。これから読み上げる6つの中から最も当てはまるものを1つ選んでお答えください。	薩摩川内市(%)	周辺地域(%)	福岡市(%)	全国(%)
電力の安定した供給に必要だから	32	39	58	54
地域の経済が活性化するから	43	25	12	13
問3：〔問1で「3.どちらかといえば反対」または「4.反対」の人に〕あなたが反対する理由は何でしょうか。これから読み上げる5つの中から最も当てはまるものを1つ選んでお答えください。	薩摩川内市(%)	周辺地域(%)	福岡市(%)	全国(%)
原発の安全性に不安があるから	36	39	41	42
原発から出る核のゴミの処分問題が解決していないから	22	20	26	26
問4：川内原発の同意範囲－川内原発の再稼働を決めるうえで、あなたは、どこまでの同意が必要だと思いますか。次に読み上げる5つの中から1つ選んでお答えください。	薩摩川内市(%)	周辺地域(%)	福岡市(%)	全国(%)
1．川内原発がある薩摩川内市と鹿児島県	17	12	9	7
2．川内原発から30キロ圏内に入るすべての自治体	38	45	23	19
3．九州地方のすべての自治体	13	13	23	21
4．国民全体	14	14	27	35
5．政府が判断すればよく、自治体などの同意は必要ない	6	4	5	5
6．分からない、無回答	11	12	12	14
地元自治体や県の同意がなくても、再稼働は可能です。あなたは、川内原発の再稼働は、最終的にどこが判断すべきだと思いますか。次に読み上げる6つの中から1つ選んでお答えください。	薩摩川内市(%)	周辺地域(%)	福岡市(%)	全国(%)
1．政府	21	16	17	15
2．原子力規制委員会	3	3	6	6

3．鹿児島県	9	15	10	8
4．薩摩川内市	20	9	6	4
5．九州電力	5	6	6	6
6．関係する住民の投票によって決めるべき	35	42	43	51
7．わからない、無回答	8	10	12	11

薩摩川内市：甑島列島を除く周辺地域：30km圏内のうち、いちき串木野市、阿久根市、出水市、さつま町、日置市
「川内原発とエネルギーに関する調査」単純集計結果（比較付）2014/11/10NHK放送文化研究所　抜粋

川内市と鹿児島県」という回答は 17％に過ぎなかった。

　以上のような川内原子力発電所再稼働と「当事者」を巡る状況を踏まえて、再稼働決定への意思さえ問われず、経済的利益も得られないのに、原子力発電所事故が起きれば放射性物質の害を被る市町村の存在に向き合わせて、公正をめぐる「当事者」を決める授業を行った。

　第2章第1節において、公共的価値を意識している方が「当事者性」の質は高いと述べた。再稼働論争における薩摩川内市と 30km 圏内の他の自治体との関係は、公共的な価値である「公正」から問い直すべき問題を含んでいる。田村哲樹（2015）はこれからの政治教育は「争点や問題ではなく、決め方を扱う」[(2)] と述べた。そのメリットはその決め方で本当に「民意」が反映されているのかを子どもが批判的に考えられるようになることだといえよう。

　本実践では原発再稼働の「決め方」の問題を、「公正」という価値と関連づけながら「当事者性」を高められるように授業展開を構想した。NHK の調査では「川内原発の再稼働は、最終的にどこが判断すべきだと思いますか」という問いに対して「関係する住民の投票によって決めるべき」という回答が、全ての聞き取り対象で最も多い割合を示している。現在の決め方では「民意」が十分に反映されていないと評価されているのである。ただしこの質問では「関係する住民」とは誰のことかが明示されておらず、調査に答えた市民一人一人が異なる「関係する住民」

像を思い浮かべたと推察される。「当事者」である「関係する住民」とは誰なのかを判断することは「誰の声を優先して再稼働を決めるべきか」を考えることと同じであり「民意」を反映する決め方を考えることになる。坂井豊貴（2015）の「結局のところ存在するのは民意というより集約ルールが与えた結果にほかならない」という言葉が思い起こされる[3]。

第2項　役割を担った（ロールプレイ）討論会の意味

　第2章第1節において、「当事者性」を涵養する際には心理的な距離が近づく方策が前提になると述べた。この点について杉田直樹・桑原敏典（2012）が小学生の意思決定学習への効果的な対応を提案している[4]。予め共感させたい価値の立場を示し子どもが選びロールプレイで話し合い、最後に最良の立場を選択するモデルである。本研究では杉田らの実践を部分的に参考にした。子どもたちは原子力発電所再稼働の可否を決める上で最優先されるべき「当事者」を決め、なぜその人々を「当事者」としたのか、再稼働の賛否の理由となる「判断の規準」（価値）を考えることにした[5]。

　原子力発電所再稼働問題では、誰が「当事者」であるのか分かりにくいのでロールプレイを行うことで「自分が『当事者』と考えた人々に、どの程度強い影響を与えるか関心をもって考え判断できる」学習を子どもたちに保障したのである。このことが、公共的な価値「公正」を意識しながら「当事者性」の涵養を促進させると考えた。

　大杉ら（2016）は小学生が価値判断を行う際に、公共的な価値で判断を行わない傾向が強いことを明らかにした[6]。社会科はこの点を一層意識する必要がある。本単元では「当事者」を決める活動が主活動で、ロールプレイによる対話が主活動を推進するというようにいわば相互補完する役割を担っている。

　以上が「論争問題の結果が、自分が『当事者』と考えた人々にとって、

どの程度強い影響を与えるか、関心をもって考え判断」する「当事者性」を育成する方策である。

第3項　「当事者性」がある姿、高い姿

　学習の場面設定は「原発再稼働をめぐる論争点には、原発立地自治体の意向を反映するか否か、原発立地範囲はどの程度までを含めるのか、社会的弱者の避難計画が万全であるか、火山噴火予知との連携など多岐にわたる。原発の耐震基準や津波対策以外の懸案事項も多い。それらについても検討する」とした。

　子どもたちは「発電方法の未来を考えるその1、その2」の授業実践で、未来の発電方法は何がより良いのか、「判断の規準」をもとに考えた。なかには、再稼働に際しては福島県飯舘村のような原発非立地自治体なのに大被害を受けた人々を考慮する「判断の規準」を創る子も出てきた。

　そこで本題材では原発立地自治体と周辺自治体の関係を「公正」という価値から問い直し、授業実践当時の制度では、薩摩川内市と鹿児島県にしかなかった再稼働へ同意する権限を、どの範囲の人々まで拡大できるのかを問う学習を通して「当事者性」を涵養することをねらった。

　第2章で検討した「当事者性」の捉え方や、本章で明らかにした本題材の特徴やNHKのアンケート結果から、本実践で涵養したい「当事者性」のある姿を表14のようにした。誰を「当事者」と判断するのかでは「薩摩川内市とその市民に限定しない」と「薩摩川内市とその市民に限定する」とした。そして、子どもが「当事者」を選ぶ際に「公共的価値」か「個人的価値」のどちらを重視して、原発再稼働政策が「どの程度強い影響を与えるか関心をもって考え判断」できるのかを二元表にした。この表には問題点もあると思われるが、授業実践の結果では、子どもの「当事者性」はこの4つのカテゴリー❶〜❹に表れていた。子どもの「当事者性」が最も高い状態がカテゴリー❶で、❷、❸と続き、最も低い状態

が❹である。また表中に示してないが「当事者性」がない状態としては国民全体を「当事者」として遠くに住んでいるから川内原子力発電所再稼働は自分には関係ないという態度を想定した。

表14 「当事者」と公共・個人的価値の相関

		「当事者」と公共・個人的価値の相関	
		薩摩川内市とその市民に限定しない	薩摩川内市とその市民に限定する
選択した価値	公共的価値	❶原発の立地自治体のほか、30km圏内の隣接・周辺の地域・自治体（日本全国）なども「当事者」と判断する姿。原発事故の際には、広範な地域に放射性物質の影響があることから、原発再稼働に関する承認や発言を認めることの正当性を説明しようとする姿。	❷原発の立地自治体やその市民を「当事者」と判断し政策のメリットを公共的な価値から説明したり、価値「公正」の視点から、周辺の地域に対する財政上の配慮などに言及したりする姿。
	個人的価値	❸原発の立地自治体のほか、30km圏内の隣接・周辺の地域・自治体（日本全国）なども「当事者」と判断する姿。安価な電気の確保、事故避難にかかわる「いじめ問題」など、価値「公正」以外の点から、説明しようとする姿。	❹原発の立地自治体やその市民を「当事者」と判断し、再稼働についても「当事者」だけに判断を任せてしまい、周辺自治体や市民への影響については配慮しない姿。

第4項　子どもたちの「当事者性」の変容（第6〜8時）

〈授業実践3〉「川内原発再稼働は誰の声を優先して決めるのが望ましいか」の主な子どもたちの主な学びの履歴を表15に示した。

表15 本題材における内容の構成と子どもたちが考える視点

1　題材のねらい
本題材では原発立地自治体と周辺自治体の関係を「公正」という価値から問い直し、授業実践当時の制度では、薩摩川内市と鹿児島県にしかなかった再稼働へ同意する権限を、どの範囲の人々まで拡大できるのかを問う学習を通して、「当事者性」を涵養することをねらった。
2　学習計画と本題材の主な内容と学習活動・資料（全9時間扱い）

時	○主な学習内容	◆子どもたちが考える視点	・資　料
1	○日本は風水害、地震、津波、火山噴火など多様な自然災害がある ○国、自治体、学校や地域がそれぞれの対策について考え実行していること	◆日本には、火山が多くあり、それらは、福島第一原発を破壊した津波と同じように、原子力発電所を破壊し、甚大な被害をもたらす可能性があること。	・『新しい社会』東京書籍5年生下巻 ・『社会科資料集5年』文溪堂 2016 年
2	○全国の各地のカルデラ〈鬼界、姶良、阿蘇、箱根、屈斜路湖、摩周湖など九州と北海道の地理〉 ○原発の火山噴火への安全対策		・資料 NO 2 「巨大カルデラ噴火・ニュースな晩餐会」画像内容要約版 ・全国の巨大カルデラの様子
3	○薩摩川内市の概要、川内原発の立地条件など ○川内原発の噴火に対する準備 ○2万9000年前の姶良カルデラの巨大噴火時の火砕流が敷地の 2.5km 前までやってきた歴史	◆再稼働が決まった鹿児島県川内原子力発電所周辺の火山噴火の可能性があるのか無いのか。 ◆川内原子力発電所の火山噴火対策、避難計画は十分か否か。	・資料 No.3 「原子力発電所がある薩摩川内市」（授業者の取材まとめの資料） ・資料 No.5 「大昔の火砕流は川内原子力発電所近くまでやって来た」（ニュース「報道特集」を要約）
4	○川内原発の火山噴火対策 ○福島第一原発事故後の新基準で改善された川内原発の改善点		・資料 No.6 「川内原発の火山噴火対策について」
5	○火山爆発による原発事故発生時の住民の避難計画 ○原発 10km 圏外の避難計画が未完成		・資料 No. 7 「川内原発の地元の避難計画は大丈夫か？」
6 7 8	川内原発再稼働を決定できる権利のある人はどの範囲の人だろうか。ロールプレイの討論会を行って、様々な立場の人々になったつもりで考えてみよう。		

6 7 8	○川内原発再稼働に関する薩摩川内市民地元の声（原発再稼働による経済的な景気回復効果、九州電力からの税収、補助金など） ○川内原発から20km圏内のいちき串木野市民の声（原発から5km圏内なのに避難対策など不十分、経済的な効果は見込めない）	◆学級全体で、誰の声を優先して川内原発再稼働を決めるのかを話し合う。 ◆ロールプレイで、薩摩川内市民、いちき串木野市民、九州住民、国民全体の声（それぞれに再稼働賛成・反対が選べる）を選んで、その立場で話し合う【6〜7時】。	・資料No.8「川内原発再稼働地元の声は」（経済的な発展、補助金） ・資料No.9「川内原発から20km圏内いちき串木野市民の声は」（原発から5kmの距離なのに対策不十分）
9	○川内原発の再稼働について、誰の声を優先して決めるのか、意見文を書く。		

　特に第6時〜第8時にはロールプレイによる討論会を行い、自分が考える当事者とは異なる立場の人々になったつもりで討論を行う学習を行った。〈第3実践〉の学習過程のなかでは「当事者性」育成に影響をもつと考えられる学習場面である。

　第6時と第7時の学習は、4人の学習班ではじめに子どもがそれぞれ自分がロールプレイでなりたい立場を選び（基本的に、自分が選んだ当事者とは異なる立場の人々）、他の3つの立場の者に対して自分が選んだ立場の主張を考えて学習シートに書いた。次にその主張を話して質問や反論を受け、反駁する。最後はそのロールプレイを行ったふり返り（自己評価）をシートに書いた。第8時には、各グループの話題を学級全体で報告し合い2回のロールプレイをふり返り、子どもそれぞれが最優先したい声＝「当事者」を決めた。

　なお〈第3実践〉の分析で抽出したグループは、自他の発言や得た反論などをノートやシートに比較的残していたA〜D児で構成され、2時間とも同メンバーでロールプレイを行い安定した話し合いができていた（インフルエンザ流行で欠席者が多く、毎時グループメンバーの変更があった）。学び方の傾向などからは、本学年において標準的なグループといえよう。

（1）ロールプレイ討論会の主な発言内容（第6時）

　第6時における1回目のロールプレイで「当事者」として選んだ対象と発言内容を記していく。

　A児はいちき串木野市民を「当事者」とし原子力発電所再稼働反対の意見を表明した。主な発言内容は「いちき串木野市は、食材に恵まれた市で、沢山の特産物があります。マグロやちりめんなど。でも、もし仮に原発を再稼働させて火山が噴火して原発が爆発したら放射性物質が降り注ぎ、食材が汚染されて……食材を生産している人々は儲からなくなり借金を抱えるかもしれません。すると、町がどんどん荒れ、飯舘村のように廃止するかもしれない。そうしたら住民は古里を捨てることになるかも」ということだった。

　B児は国民全体を「当事者」とし原子力発電所再稼働賛成の意見を表明した。「川内原発から1000kmも離れているので、原発事故で人が死ぬとか死なないとかは、関係ないことで、どうでも良い」という内容だった。

　C児は薩摩川内市民を「当事者」とし原子力発電所再稼働賛成を表明した。「薩摩川内市民にとっては、再稼働させればお金が儲かって素晴らしい日々になる。仮に原発が爆発しても、自己責任にすれば良い。しかも、日本は被害を受けても外国には被害は及ばないので、薩摩川内市民は命をかけてでも再稼働させるならそれで良い」という内容であった。

　D児は薩摩川内市民を「当事者」とし原子力発電所再稼働反対を表明した。主な発言内容は、「火山が噴火して火山灰が降ってきてディーゼルエンジンは火山灰を90％は取り除けると言っているけれど、完璧に取り除けないと意味はないから反対」というものだった。

（2）ロールプレイ討論会のふり返りの考察（第6時）

　A児はロールプレイでいちき串木野市民を「当事者」とした。その声

を優先して原子力発電所再稼働（反対）を決定すべきだと振り返る。その理由は「特産物への放射能汚染」とした上で、原発隣接のいちき串木野市民は「国民全体よりも気持ちがわかっている」からとした。これはB児の「川内原発から1000kmも離れているのでどうでも良い」への反論的応答で国民全体よりも「隣接地域の市民の方が近さゆえ気持ちが分かる」と主張している。

　B児もロールプレイで国民全体を「当事者」とした。その声を優先して原子力発電所再稼働決定をするべきと振り返る。理由は「たかが一つの市の意見だけで決めてしまってはいけないので、国全体のことを考えるべき」とした。B児はロールプレイで「1000kmも離れているのでどうでも良い」と故意に発言したが原子力発電所再稼働の短所も考えてふり返っている。

　C児はロールプレイで薩摩川内市民を「当事者」とした。その声を優先するべきとした。理由は原子力発電所が事故の際は「一番の被害者になるから、当たり前のように優先するべき」とした。薩摩川内市への影響は配慮していたが周辺自治体への影響は配慮していなかった。

　D児はロールプレイで薩摩川内市民を「当事者」とした。ふり返りでは、いちき串木野市民も加えるべきと主張した。両市とも原子力防災重点地域という理由で形式的に終わった。

　このグループの1回目のロールプレイによる討論のふり返りでは、A児には明らかに、B児にもおぼろげに「公正」という価値を意識した「当事者」の決め方の過程が見えている。

（3）ロールプレイ討論会の主な発言内容（第7時）

　第7時の2回目のロールプレイで選んだ「当事者」と発言内容を記していく。

　A児は薩摩川内市民を「当事者」とし、川内原子力発電所再稼働には賛成の意見を表明した。「原発を再稼働すると、旅館や食堂が儲かり、

経済効果も大きな影響がある。それに、九州電力からの税金が入ってきて薩摩川内市の財政は安定して、まちの活性化につながります。まちの収入が増えると、道路、建物、橋などの耐震工事もでき、まちに住みやすくなり、若い人も住むようになります」が主な発言内容である。

B児は、いちき串木野市民を「当事者」とし川内原子力発電所再稼働には反対の意見を表明している。「原発事故で放射性物質が飛んできて、第一次産業で作ったものが汚染されたら、産業もどんどん廃れていく。まちが借金だらけになる」が主な発言内容である。

C児は薩摩川内市民を「当事者」とし、川内原子力発電所再稼働には反対の意見を表明している。「火山が噴火してディーゼルエンジンがきかなくなったら大変。事故が起きたら100％入院できるように安全性を上げて欲しい」が主な発言内容だった。

D児は国民全体を「当事者」として川内原子力発電所再稼働には賛成の意見を表明した。自分が東京都民であることから都民としての考えを話した。主な発言内容は「九州に親しい人がいないから関係ない。原発がどうなろうと関係ない」というものだった。

（4）ロールプレイ討論会のふり返りの考察（第7時）

A児は第6時のロールプレイで「当事者」とした、いちき串木野市民の声を優先して原子力発電所再稼働を決定するべきと振り返る。理由として「判断の規準」を2つあげた。1つは特産物への放射能汚染で、もう1つは原子力発電所からの距離である。いちき串木野市は、原子力発電所から20km以内に市全域が含まれるが、原子力発電所再稼働の承認か否を聞いてもらえないことは不公平だとふり返る。A児は「当事者」を選ぶ際に「公正」を「判断の規準」としていることが分かる。

B児は第6時では国民全体として、第7時ではいちき串木野市民として演技したが、ふり返りでは薩摩川内市民を「当事者」とした。理由は「原発があるのも、お金が入るのも、リスクが大きいのも薩摩川内市民

だから」とした。

　C・D児は振り返りを書いていない。

　A児は「公正」という価値を意識して「当事者」を決めたと分析できる。B児はA・C児の主張を受け入れて再稼働による利益もリスクも背負う薩摩川内市民を「当事者」とした。これは前時とは真反対の考えで、他者のロールプレイで考えが揺さぶられたと捉えられる。

（5）ロールプレイ討論会のふり返り後に書いた意見文とその考察（第
　　8時）

　第8時には各グループの話題を学級全体で報告し合った。2回のロールプレイをふり返り、子どもそれぞれが最優先したい声＝「当事者」を決めた。学級全体の結果は以下の通りである。

　薩摩川内市民だけ＝4人

　薩摩川内市民・いちき串木野市民だけ＝7人

　いちき串木野市民だけ＝1人

　薩摩川内市を含む30km圏内の住民＝2人

　九州全体の住民（薩摩川内市民も含む）＝9人

　熊本・鹿児島両県民＝1人

　国民全体＝4人

となった。

　A児は熊本県と鹿児島県の県民を「当事者」とした。突然、熊本県市民を「当事者」に含めた理由は「平成28年熊本地震」の復興途中にある熊本に原子力発電所事故被害が重なったら復興が台無しになるので熊本県民の声を聞くべきと判断したからである。鹿児島県民を「当事者」にしたのは「原発がある鹿児島県が最も被害を受ける地域だから」とした。A児はここでも原子力発電所再稼働が周辺・隣接自治体や住民にもたらすデメリットを考慮している。

　B児は薩摩川内市を含む30km圏内の住民を「当事者」とした。第7

時には薩摩川内市民を「当事者」としたが、原子力発電所30km圏内の住民を加えた理由は「ところで、周りの市はどうであろう。ほとんど金（補助金や九州電力からの税収）は流れてこない。ところが、薩摩川内市に負けないくらいの甚大な被害を負うことになる。周りの市としてはたまらないから」としていた。「公正」という価値を意識した「当事者」の決め方と考察できる。

　C児は薩摩川内市民を「当事者」とした。理由は「お金は沢山入ってくるし。自分たちが死んでもいいという勇気が再稼働させているのだから良い。安全基準を突破したのだから、周りの市がどうなろうと、どうでも良い。それに、薩摩川内市の高齢者は再稼働に反対しているが、若い人には未来がある。自分が高齢者なら死んでも良い」とふり返る。第7時で薩摩川内市民として演じ原子力発電所再稼働反対を表明した。しかし最終的な考えからは原子力発電所立地自治体だけに再稼働の判断を任せて周辺市町住民への配慮が感じられない。

　D児は九州全体の住民を「当事者」とした。1つ目の「判断の規準」は“いじめ”である。「原発事故が起きたら30km圏内の人は九州のどこかに引っ越すかも知れません。今、原発いじめがあって、もしも九州のどこかに引っ越した人がいじめをうけたら…」と不安を書いた。この学習期間に横浜で起きた福島からの避難中学生へのいじめ事件の「手記」が全文公開されたことに影響を受けている。2つ目は鹿児島県の特産品であるイモ、鶏、豚への放射能汚染である。3つ目は「当事者」を九州の人々とした理由で「日本全体の人よりも真剣に考えると思うから」と書き、東京都民の被害は水道が使えなくなる程度なのに対し「九州の人たちは電力が使えなくなり困ります」とし、九州全体の住民の生活被害の方が都民のように国民全体にまで「当事者」の範囲を広げた場合よりも大きいことも理由に上げた。国民全体を「当事者」としたロールプレイで、B児もD児も「当事者性」の質を低く演じていたのでその影響を受けていると考えられる。

第5項　最終的な考えを書いた意見文の分析（第9時）

　第9時には本学習の最終的な考えをまとめる時間として、意見文を書いた。ここでは、子どもが「当事者」を誰にしたのかと、その理由を中心に分析する。

　A児は考えをさらに広げて国民全体を「当事者」とした。理由には「薩摩川内市民以外の人々は、利益はなく、被害は受けるのです。だったら最初から、国民の声を聞いてよ!! ということになります」、「これは不公平です」と書いた。解決策は「薩摩川内市民の声を優先するが、国民からも意見を聞く」ことが良いと書いている。「当事者性」に対する考え方は一貫して「公正」という価値を意識していると分析できる。

　B児は「当事者」を「薩摩川内市を含む30km圏内の住民」から、「九州全体の住民」に変更した。国民全体まで広げては「ダメな理由」を「礼文島など遠くに住んでいる人は、自分の問題として受け止められるのだろうか？」と書き、薩摩川内市から遠くに住んでいる人々は自分の問題として受け止め切れないと述べた。第6時では、国民全体を演じたが、そこまで「当事者」の範囲を広げられないという考えは変わっていないと分析できる。

　C児は薩摩川内市民を「当事者」とし「ぼくの意見は変わらない」と書いた上で「みんなの意見を聞くことは良いことだが、薩摩川内市民の気持ちが分からない人の意見まで取り入れることになると、それは、おかしい」と述べた。もしも原子力発電所の事故が起きて避難できなくても「自己責任」で良いとまで書いている。この記述からは薩摩川内市民の利益と被害の大きさに注目しすぎて、原子力発電所から30km圏内の地域住民への配慮は読み取れない。しかし意見文の最後に「薩摩川内市が原発の再稼働で儲けたお金は、いちき串木野市にあげればよい」と書いた。原発再稼働で得た利益を周辺の自治体に分配する方法を考えていた。これはそれまでと比べると、「公正」という価値を意識した判断だ

と分析してよいだろう。

D児は「当事者」を第8時の「九州全体の市民」から「30km圏内の市町村の住民」に変えたが、変更の明確な理由が読み取れない。「……放射能が飛び散って、いちき串木野市や薩摩川内市の農作物が汚染されます。……だから、川内原発から30km圏内の市民の声を優先して決めた方が良いと思います」とした。なぜ九州全体から、原子力発電所から30km圏内に範囲を狭めたのか明確ではない。第6〜8時の学びの過程から、D児は国民全体では距離が遠すぎて「関係ない」と考える人のことを想起したと推察できる。九州全体よりも「鹿児島県の特産品……への放射能汚染への危機感」を重視して「当事者」の範囲を狭めたのだろう。しかし、いちき串木野市と薩摩川内市との間にある「不公平さ」には気づいていない。

次にこれらの子どもたちの「当事者性」の形成にかかわる成果と課題について検討する。

第6項 〈第3実践〉の成果と課題

はじめに「当事者性」と「判断の規準」のかかわりについての成果を述べる。

第3実践は「当事者性」の育成を強く意識した授業展開になっており、子どもたちの発言や毎時のふり返り（自己評価）には、「判断の規準」のことはあまり強くは表現されていない。

そこで既に示した第5節における子どもたちの発言から、子どもたちがどのような「判断の規準」を意識していたのか読み取り成果を述べることにする。

最初に第6時の発言における「判断の規準」を検討する。

A児は「いちき串木野市は、食材に恵まれた市で、沢山の特産物があります。マグロやちりめんなど。でも、もし仮に原発を再稼働させて火山が噴火して原発が爆発したら放射性物質が降り注ぎ、食材が汚染され

て…食材を生産している人々は儲からなくなり……」と発言し、「特産物への放射能汚染」を「判断の規準」にしていたことが推察できる。

C児は「薩摩川内市民にとっては、再稼働させればお金が儲かって素晴らしい日々になる」と発言し、お金儲けを「判断の規準」にしていたと考えられる。

D児は「火山が噴火して火山灰が降ってきてディーゼルエンジンは火山灰を90%は取り除けると言っているけれど、完璧に取り除けないと意味はないから反対」と発言し、「火山噴火対策の不備」を「判断の規準」にしていたことが窺える。

次に第7時の発言における「判断の規準」を検討する。

A児は「再稼働すると、旅館や食堂が儲かり、経済効果も大きな影響がある。それに、九州電力からの税金が入ってきて薩摩川内市の財政は安定して、まちの活性化につながります。……」と発言し、「お金儲け」や「財政の安定」を、「判断の規準」にしていたことが窺える。また授業後に、いちき串木野市は原発から20km以内に市全域が含まれるが、原発再稼働の承認か否を聞いてもらえないことは不公平とふり返っていた。A児は「当事者」を選ぶ際に「公正」を「判断の規準」にしていると考えられる。

B児は「原発事故で放射性物質が飛んできて、第一次産業で作ったものが汚染されたら、産業もどんどん廃れていく。まちが借金だらけになる」と発言し「放射性物質による産業の荒廃」を「判断の規準」にしていたと推察できる。

C児は「火山が噴火してディーゼルエンジンがきかなくなったら大変。事故が起きたら100%入院できるように」と発言し「安全性」を「判断の規準」にしていたと考えられる。

子どもたちの発言はここにあげたものが全てではないが、これらの発言内容から、子どもたちは「判断の規準」を意識して話していることが推測できた。

子どもたちは2016年の9～11月において既に〈第1実践〉〈第2実践〉で「判断の規準」を用いて学ぶことを経験していた。そのことによって教員が細かく指示をしなくても「判断の規準」を意識しながら発言していると考察して良いだろう。

　続いて「当事者性」とふり返り（自己評価）への教育的鑑識眼にかかわる成果について検討する。

　〈第3実践〉は「当事者性」の育成を強く意識した授業展開であることから、子どもたちの毎時のふり返り（自己評価）には当事者は誰なのかと考える点が強調して書かれている。同時に〈第3実践〉では〈第2実践〉において行われた［【第3段階】教育的鑑識眼による補完］という教師による評価が行われている。それらに焦点を当てて〈第3実践〉における成果を考察する。

　〈第3実践〉では、第6～8時におけるロールプレイの主な発言内容とそのふり返り（自己評価）が示された。さらに第9時では、第6～8時の活動をふり返りながら書いた最終的な考えをまとめた意見文についても教育的鑑識眼を生かした評価が行われた。

　ここでは、第9時に子どもたちが記述した意見文に対して、教員の教育的鑑識眼によって分析された評価に、「評価対象を肯定／否定のいずれかに色分けすることよりも、肯定的な側面と否定的な側面がときに相関的であったり分離不可能であることにも配慮しながら、対象を多義的あるいは複眼的に評価」されている様子が窺えた。

　A～D児について、授業実践者である筆者によって「当事者性」が育成されたと評価されている記述のなかから、特にB・D児に対する教員の教育的鑑識眼に着目する。特にB児を例に分析を行い、どのようにして「対象を多義的あるいは複眼的に評価」していると考えられるのかを明らかにする。

　授業実践者である筆者は、B児の「当事者性」にかかわる記述について以下のように記述している。

B児は、「当事者」を「薩摩川内市を含む30km圏内の住民」から、「九州全体の住民」に変更した。国民全体まで広げては「ダメな理由」を「礼文島など遠くに住んでいる人は、自分の問題として受け止められるのだろうか？」と書き、薩摩川内市から遠くに住んでいる人々は、自分の問題として受け止め切れないと述べた。第6時では、国民全体を演じたが、そこまで「当事者」の範囲を広げられないという考えは変わっていないと分析できる。

　B児は「当事者」を「九州全体の住民」まで拡大して捉えた。その後の第6時では、ロールプレイで「国民全体」の役を演じていたが、ふり返りでは、国民全体にまでは川内原子力発電所再稼働を決定できる資格をもつ人々を広げる必要はないと判断している。
　B児が以上のように判断した理由は明瞭である。B児の「礼文島など遠くに住んでいる人は、自分の問題として受け止められるのだろうか？」という記述から、九州にある川内原子力発電所から遠くに住む人が真剣に考えるということには確信がもてないと、判断したからである。
　〈第3実践〉では、「より広い視野から考えて判断すること」は、「『公共的価値』を選択する学び」であるという前提に立っている。それは、授業者（筆者）自身が、できれば子どもたちに「公共的価値」を選択してもらいたいと願っていることを表しているのである。
　だから授業者は、B児が「『薩摩川内市を含む30km圏内の住民』から、『九州全体の住民』に変更した」ということすなわち「公共的価値」に向かっていることをプラスに評価したのである。
　それでは授業者はB児が「礼文島など遠くに住んでいる人は、自分の問題として受け止められるのだろうか？」と疑問を表して、原子力発電所がある薩摩川内の住民から「九州全体の住民」までの範囲に居住する人々を当事者として狭く捉え判断したことに対して、マイナス評価をし

ているのであろうか。いや、Ｂ児が「礼文島など遠くに住んでいる人」
たちには、薩摩川内市周辺の住民ほど川内原発再稼働について真剣に考
えることはできないであろうと判断したことを、積極的に評価しようと
している。なぜならばＢ児自身がロールプレイを通して自分とは異なる
立場に身を置いて考え直したことを、自ら受け止めた上でのＢ児なりの
結論に達したことだからである。

　以上のように授業者の教育的鑑識眼を活用した分析を読み解き直すこ
とによって、授業者がＢ児の学びを多義的あるいは複眼的に評価しよ
うとしていると考えられる。

　自己評価に関する先行研究では、「子どもが行う自己評価では主観に
基づいた『良かった、悪かった』などの情意面の評価ばかりで客観性や
認知面の視点が欠けることが明らかになっている」[7]。教師が当該授業
時間において何を学ばせようとしてるのか、また、子ども自身が何を学
ぼうとしているのかを自覚させることによって、子どもは「客観性や認
知面の視点」をもって自分の学びをふり返ることができるのである。

　最後に、子どもたちの「当事者性」の変容から見えてきた成果を述べ
る。なお、子どもたちの「当事者性」の変容を表16に示した。

A児の「当事者性」に関する考察

　「当事者性」のカテゴリーの変化が見られないが「当事者」の範囲を、
いちき串木野市から国民全体にまで拡大した。その上で「薩摩川内市民
の声を優先するが、国民からも意見を聞く」ことをよいとした。Ｂ・Ｄ
児が演じた「当事者性」の低い国民全体の発言や印象に影響されること
なく、「当事者性」の高い国民全体をイメージして国民全体を「当事者」
として選んだ。

　Ａ児は一貫して「公正」を意識していたのであり自分の考えと相容れ
ない“「当事者性」の低い国民全体の印象”には全く左右されずに自分
の考えを貫いた。熊本地震の復興への思いや地元の特産物を大切にした

表 16　A、B、C、D 児の「当事者性」の変容

		「当事者」は誰かを判断する範囲	
		薩摩川内市とその市民に限定しない	薩摩川内市とその市民に限定する
選択した価値	公共的価値	❶ A 児 (1) → (2) → (3) → (4) B 児 (1)　　　　(3) → (4)	❷ C 児　→ (4)
	個人的価値	❸ D 児 (1) →　　　(3) → (4)	❹ B 児　　　　(2) C 児 (1) →　　(3)

※ A 児 (1) は，A 児の 1 回目の，(2) は 2 回目の役割演技後の「当事者性」の評価である。(3) は、総合討論後を示し、(4) は意見文に表れた「当事者性」の評価である。他の子どもについても同様である。

いという薩摩川内市とその周辺の県民・自治体の住人への思いを持ち続けたことが要因と考えられる。

B 児の「当事者性」に関する考察

　表 16 で見る限りでは「当事者」を誰にするのか迷っていた。第❶カテゴリーから第❹カテゴリーへ、その後再び第❶カテゴリーに戻った。最終的には九州全体の住民を「当事者」とした。

　B 児は第 6 時のロールプレイで「1000km も離れているのでどうでも良い」と故意に発言した。これは、自分の考えへの想定反論を行ったと考察できる。つまり、B 児は、常に自分の考えを相対化して、自己内に

異質な他者を形成できていたと考えられる。

C児の「当事者性」に関する考察

「当事者」を薩摩川内市民とすることに終始した。最終意見文で、薩摩川内市の儲けを分配するという「公共」を意識した意見に変化した。

C児は薩摩川内市民以外を「当事者」とする自分とは異質な意見に、一部押されて、薩摩川内市の儲けを分配するという「公共」を意識した意見に変化したと考えられる。

D児の「当事者性」に関する考察

D児は最初から最後まで「当事者性」の第❸カテゴリーに位置していたが、「判断の規準」は「農作物汚染」、「避難先でのいじめ」、「東京に比べた被害」など学習が進むにつれて増えていった。

D児は1回目のロールプレイのふり返りで、両市とも原子力防災重点地域という形式的で杓子定規な結論に終わっていたが、A児の「農作物汚染」の発言や、B児やC児の「東京に比べた被害」など他者の発言に触れて「判断の規準」が多くなった。多面的に考えようとした質的な向上と考えられる。しかし、薩摩川内市と周辺自治体の間にある「不公平さ」には気づくことができなかった。それは、薩摩川内市と周辺自治体間へ差異よりも、東京に住む自分たちと原発がある九州との差異に着目しがちだった学び方に原因があると推察される。このように当該論争問題の争点に気づけない子どもへの援助の仕方が課題となろう。

次に第3実践の課題を検討する。はじめに、「当事者性」と「判断の規準」のかかわりについて、課題を明らかにする。

〈第3実践〉では授業者の意識が「当事者性」育成に重点が移っていた。そのために授業者は子どもたちに「判断の規準」を強く意識するように働きかけていなかった。それでも子どもたちは「判断の規準」を意識し

ながら、理由のなかに「判断の規準」を埋め込んで発言することができていたと評価できる。しかしながら〈第1実践〉の課題を思い返すと、「判断の規準」を自覚させると共にそれを表現させることも意識させて、授業を展開する必要があったと考える。

　次に「当事者性」にかかわったふり返り（自己評価）と教育的鑑識眼についての課題を述べる。ここでは特にB児のふり返り（自己評価）に対する、授業者の教育的鑑識眼のあり方自体が、本研究の課題になり得ると考えられる。

　授業者はB児が「『薩摩川内市を含む30km圏内の住民』から『九州全体の住民』に変更した」ということ、つまり「公共的価値」に向かっていることをプラスに評価している。

　同時に授業者はB児が「礼文島など遠くに住んでいる人は、自分の問題として受け止められるのだろうか？」と冷静に「九州全体の住民」までだけを当事者だと判断したことに対して、その程度の範囲の住人しか当事者として認めないのかとマイナス的評価をしている訳ではなかった。

　授業者（筆者）自身は子どもたちに「公共的価値」を選択してもらいたいと願っている。だから授業者が学習の展開と共に「公共的価値」を選択しようとしていたB児に対して当事者を「九州全体の住民」までにとどめずにさらに広い視野に立って日本国民全体にまで広げて欲しいと切望することがあっても、誰もその願いを否定できないことだと考える。

　このB児の事例だけでも授業者がその時々の子どもの考えを受け止めて、「多義的あるいは複眼的に評価」するように努めることの困難さが伝わってくるだろう。

　一旦「当事者性」の概念と「当事者と公共・個人的価値の相関」が示されてしまえば、これらは評価規準としての機能を担わされる。評価規準になってしまえば、理想の市民像として、第1象限に表象される思考

のあり方こそが最も優れたものであるが如くみなされる。そのような結果が自明とされるような評価観ではなく、子どもの思考の過程を丹念に追って、丁寧に読み解くことによってしか、子どもの思考のあり方を読み解くことが出来ないことを、今回のＢ児の事例は物語っていると考えられる。これが教育的鑑識眼にかかわる課題となろう。

【補註】
第1節
(1) J. ロックラン（2007）「教師教育を実践する：セルフスタディに対する課題、要請、期待への返答」、ジョン・ロックラン［監修・原著］、武田信子［監修・解説］、小田郁予［編集代表］（2019）『J. ロックランに学ぶ教師教育とセルフスタディ　－教師を教育する人のために－』文学社、p.168
(2) 同上、J. ロックラン（2007）、p.169
(3) 同上、J. ロックラン（2007）、p.171
(4) 同上、J. ロックラン（2007）、p.171
(5) 同上、J. ロックラン（2007）、p.171
(6) 本実践の詳細は、既に以下の論文で明らかにしている。
岡田泰孝（2016）「『政治的リテラシー』を涵養する小学校社会科学習のあり方　－時事的な問題を『判断の規準』に基づいて論争する－」日本社会科教育学会『社会科教育研究』129号、pp.14-27
(7) 本実践の詳細は、既に以下の論文で明らかにしている。岡田泰孝（2019）「『政治的リテラシー』のラーニング・アウトカム評価とその実践的課題　－論争問題の意見文をパフォーマンス評価し、その限界を鑑識眼的評価で補う評価方法－」日本社会科教育学会『社会科教育研究』No. 136、pp.14-27
(8) 本実践の詳細は、既に以下の論文で明らかにしている。岡田泰孝（2017）「『当事者性』を涵養する論争問題学習のあり方　－『当事者』を決める活動を通して、民意を反映する政策の決め方を考える－」日本公民教育学会『公民教育研究』第25号、pp.33-47

第2節
(1) 二宮衆一（2015）「第2章 教育評価の機能」西岡加名恵・石井英真・田中耕治編『新しい教育評価入門』有斐閣、pp.67-73
(2) 齋藤元紀（2017）「哲学対話とその評価について」お茶の水女子大学附属小学校・NPO法人お茶の水児童教育研究会『児童教育』27号、pp.37-42

第3節
(1) クリックは「政治的リテラシー」を涵養する授業における教師の役割とし

て以下の3点を指摘する。1つ目は、教師が中立的な審判者になることである。2つ目は、生徒の議論のバランスをとること（今回の「い児」を際立たせたこと）である。3つ目は、教師があえて自分の意見を言うことである。この3つを組み合わせて、子ども同士の議論を活性化させるのである。この点はクリック、B．（2012）長沼豊他〈編著〉『社会を変える教育』キーステージ21、pp.204-205 に詳しい。
(2) トランス・サイエンスという言葉を提起したワインバーグは、科学技術に大幅に依存した現代社会では、原子力発電のような問いに関しては、専門家のみで意思決定すべきではなく、民主主義社会においては専門家を含む社会全体で討議・決定するべきと主張していた。この部分は小林傳司（2007）『トランス・サイエンスの時代』NTT 出版、pp.120-137 を要約した。

第4節
(1) 豊嶌啓司・柴田康弘（2016）「アウトカムのための社会科市民的資質評価」教育目標・評価学会『教育目標・評価学会紀要』26 号、pp.41-51
(2) 松下佳代（2015）「教育をめぐるアリーナとしての学力研究」日本教育学会『第 74 回大会発表要旨集録』p.439
(3) 電気事業連合会の website から実践時に作成。現在は強固な工事が行われた写真に更新されている。その後、この写真は「新しい安全基準を踏まえた対策工事」（2011 年以降に実施）ではなく、中部電力が「自主的に耐震性を強化するために実施した対策工事」（2008 年までに実施）の写真であったことが分かった。https://www.fepc.or.jp/nuclear/safety/torikumi/taisaku/index.html（2018/08/07 閲覧）
(4) 日高智彦（2019）「日本における社会科教育研究の動向［2018］」日本社会科教育学会『社会科教育研究』No.137、p.85
(5) 岡田泰孝（2015 年 2 月 16 日）第 77 回教育実際指導研究会当日指導案、お茶の水女子大学附属小学校公開研究発表会において配布

第5節
(1) http://www.nhk.or.jp/bunken/summary/yoron/social/pdf/141110.pdf、最終閲覧日は、2017/08/05。
(2) 田村哲樹（2015 年 8 月 28 日）「政治教育における『政治』とは何か」日本教育学会ラウンドテーブル「教育政治学の創成に向かって」資料より
(3) 坂井豊貴（2015）『多数決を疑う―社会的選択理論とは何か―』岩波新書、p.49
(4) 杉田直樹、桑原敏典（2012）「意思決定を促す小学校社会科授業方略―ロールプレイングによる価値の共感的理解と吟味を手がかりに―」『岡山大学教師教育開発センター紀要』第 2 号、pp.92-101。教授書が示され予想される子どもの反応が記されている。

（5）岡田泰孝（2016）「『政治的リテラシー』を涵養する小学校社会科学習のあり方－時事的な問題を『判断の規準』に基づいて論争する－」『社会科教育研究』129 号、pp.17-24

（6）大杉昭英、須本良夫、橋本康弘、中原朋生、田中伸（2016）「社会系教科目における価値学習の実態と課題－子どもたちの価値判断根拠の実態調査から－小学校編」、社会系教科教育学会（鳴門教育大学）発表、2016 年 2 月 19 日、発表用プレゼン資料

（7）堀哲夫・西岡加名恵（2010）『授業と評価をデザインする理科』日本標準、p.236

終章
本研究の意義と今後の展望

第3章では3つの授業実践について実践ごとに重点は異なりながら
も、3つの分析の視点に基づいて、政治的リテラシーを涵養する小学校
社会科の授業のあり方について、内容・方法・評価を中心に論じてきた。
そこでは3つの授業実践を3つの分析の視点から考察し、それぞれの実
践における成果と課題を明らかにした。

　終章では第3章までの内容を受け、先ず第1節において本研究の理
論研究を中心に見られた意義を明らかにする。

　続いて第2節において、政治的リテラシー涵養のための実践上の要点、
すなわち政治的リテラシー育成のための内容・方法・評価のあり方につ
いて、成果と課題をまとめる。

　そして、今後、政治的リテラシー育成の授業を行う上での可能性や留
意点を示し、今後の展望を明らかにする。

第1節　本研究の総括

　序章では本研究の目的を明らかにした。第1節、第2節において、こ
れまでの日本の社会科教育では、政治的リテラシーの概念を明らかにす
ることが不十分であったことや、政治的リテラシーを育成する実践があ
る時期を除いてほとんど行われなかったことを明らかにした。

　そこで第3節では、第1節・第2節を受けて、本研究では「政治的リ
テラシー」の目標−内容−方法−評価の4点を明らかにすることを明言
した。

　　目標：政治的リテラシーの概念が規定できずにいたので、どのような
　　　　　目標に向かって、子どもたちに育成すれば良いのかが、不明確
　　　　　であった。

　　方法：政治的リテラシーを育成する方法が不明確であった。例えば、
　　　　　争点の捉え方、論点についての話し合いの方法、意見文の書き
　　　　　方などを育てられていなかったことなどがあげられる。

内容：学習方法が身についたとしても、学習対象としての論争問題に
　　　　　対するいわゆる切実性のもたせ方や当事者性育成の仕方も検討
　　　　　されてこなかった。
　　評価：政治的リテラシーがいかにして涵養されたのかという評価方法
　　　　　についても明確にされてこなかった。
　このような政治的リテラシー育成に関する教育の現状を鑑みると、政
治的リテラシーを育成するための目標－内容－方法－評価のあり方を明
確にすることは、日本の政治的リテラシー育成教育（文部科学省であれば
主権者教育、一般的には政治教育）を改善するために必ず求められること
になるという本研究の意義を明らかにしたのである。
　第1章では、政治的リテラシー教育の現状とその課題を明らかにし
た。
　第1節では、政治的な関心を高めるためには、どのような民主主義社
会観に立って、教材や題材を選ぶことが望ましいのかを明らかにした。
特に、文部科学省が進めようとする政治的リテラシー育成教育の社会の
「見方・考え方」では、子どもたちは「社会は上手くいっている」とい
う社会認識の獲得のみを前提にした学習をすることになる。そのような
社会科学習は、子どもたちに人々の工夫と努力がいかなるものかを理解
させることににとどまってしまうだろう。それでは子どもが「政治的・
社会的に対立する問題」について問いをもつことや考えることが困難に
なる。すなわち「政治的判断能力を訓練すること」はほとんど望めない
だろうことを明らかにしたのである。
　そこで本研究では、民主主義社会とは「諸々な揉め事が起きて」しま
う社会であり「思うほど簡単に、問題の解決は進まないものと捉える」
社会観に立って教員は授業をデザインし指導を行うことの必要性を述べ
た。同時に、子どもが同じような社会認識や社会観を獲得できるように、
教員が社会・政治的論争問題学習をデザインすることを意味している。
　第2節では小学校社会科で育成する政治的リテラシーについて、小学

校で身につけさせたい能力をその下位レベルまで明らかにした。検討した先行研究から得られた知見を生かして、実際の授業で子どもが学ぶ姿を想起しその学習過程を基盤にして「政治的リテラシー」を定義した。具体的には「時事問題のような論争問題について争点を知ることで、争点に関する多様で多元的な反応・政策・対立を知り、争点や問題解決にかかわる重要な知識を生かして利害の異なる自他への影響を考えながら、根拠を明らかにして主張したり、反論を想定しながら聴いたり、応答しながら反駁をしたりして、自分の『判断の規準』(価値観)にしたがって意思決定を行う能力のことである」とした。

　次に、政治的リテラシーの要素 i 〜iv を示した。要素 i 〜iv は、同時に政治的リテラシーの評価規準にもなる。これにより、政治的リテラシーの目標と評価が一致するようにしたのである。

　第3節では、政治的リテラシー育成の学習と論争問題学習諸類型の枠組の相互関係を論じることを通して、政治的リテラシー育成の学習論の特徴を明らかにした。

　その原案となった溝口(2015)の構想においては、「論争問題学習」を整理する枠組として、縦軸には論争を「理解する (Understanding)」か「行う (Doing)」か、横軸においては論争の「内容 (Content)」か「形式 (Formula)」かを表して4つに類型化していた(図1参照)。これに対して「政治的リテラシー」の要は、争点を分析して主な「争点を知る」ことだから、縦軸の上の項目の「理解する (Understanding)」から【主な「争点」を「知る」】(Analysing Issues) という項目に変更した。溝口の原案でも既存の価値観や争点を理解することに重点が置かれていたので、「主な」を付け加えて既存の争点を知る旨、すなわち相対的に客観性が強い旨を明確にしたのである。次に、縦軸の下は、どこに「争点」があるのか分析して争点を決めて論争に「立ち向かう」活動が中心になるようにした。「立ち向かう」とは、既存の争点を知るだけでなくて自分たちで争点を決めて論争するという意味あいを込めている。そこで縦軸の下は、原案

の「行う (Doing)」という項目から【「争点」に「立ち向かう」】(Confronting Issues) という項目に変更して（図2参照）。以上の変更を通して相対的に子どもの主体性が強く表現される旨を明確にした。

　これらのことから、溝口の分類に修正を加えることを通して論争問題学習との関係を踏まえ、「政治的リテラシー」を育成する学習とは「判断の規準」に基づいて自分たちで「争点」に「立ち向かう」ことである旨を明らかにしたのである。

　第2章では、政治的リテラシー教育の内容・方法・評価の検討を行い、それらについて本研究における具体的な提案内容を明らかにした。

　第1節第1項の前半では、「政治的リテラシー」を育成する学習内容の検討を行った。

　ここでは次の3点を明らかにした。1点目は、身近な地域の政治問題だけでなく、やや心理的な距離が遠いと思われる「国の制度や仕組みが中心となる政治学習」にも、小学校段階から取り組むことの意義である。ただしこの点についてやや詳しく述べると「制度や仕組み」も理解できるような論争問題学習に取り組むことを強調している。2点目は、学ぶ内容は「政治に関する基本的な概念」ではなく「自分の『判断の規準』（価値観）にしたがって意思決定を行う」ことである。3点目は、「判断の規準」の前提は評価規準ivに示した「様々な立場の人が幸せになれる条件を考えて決定する」ことである。先行研究の中には、「より多くの人の願いや要求を実現するように決定がなされる」ことをねらいにする事例もあるが、これは、功利主義の「最大多数の最大幸福」追究主義に陥る可能性があるので、細心の注意を払う必要があることにも言及した。

　第1節第1項の後半では、政治的リテラシーを10年近くにわたって実践的な研究をしてきたお茶の水女子大学附属小学校市民部・社会部が開発してきた学習内容について検討を行った。同校が実践する「時事的な社会事象について、他者との差異や葛藤を感じる問題」を扱うことを通して、正解がない、すなわち学習者がともに答を創る時事的な論争問

題について「小学生のわたしなりの答え」にたどりつく学習を積み上げることが中学・高校生、有権者になった時に、答えを探究していく基盤になることを明らかにした

　第1節第2項では、政治的リテラシーを育成する論争問題学習における「当事者性」育成の問題について、切実性、自分事、当事者性などの概念が、社会科教育においていかなる文脈で論じられてきたのかを検討した。特に近年は無批判に「自分事」という言葉が使われており、この状況が学術的な研究領域にまで及んでいることに対する警鐘の意味も込めて敢えてこの問題に取り組んだ。

　これは、研究の視点「⑷また、子どもたちが真剣に考えようとするのは、どのような学習活動なのか」に相当している。ここで社会科教育においては「当事者性」の育成こそがふさわしいことを明らかにした。そのうえで「当事者性」を以下のように定義づけた。すなわち「ある論争問題の結果が、自分が『当事者』と考えた人々に、どの程度強い影響を与えるか関心をもって考え判断できることが、『当事者性』がある状態である。また、自分が『当事者』と考えた人々への影響を考え判断する際に、単に個人的な利益だけではなく様々な立場の人々の状況を考えていることが、『当事者性』が高い状態である。さらに、自分が『当事者』と考えた人々への影響を考え判断する学習を繰り返すことで、自分（子ども）は、論争問題への関心を益々高め、自分と論争問題や当該政策との利害を考えるようになることである」としたのである。

　第2節では論争問題学習の先行研究を整理しながら、小学生の発達段階にふさわしい「判断の規準」に基づいた学習を「熟議的転回」学習論への再定位を試みた。これは、研究の視点「⑶実際の政治問題を授業で取り上げる際に、政治リテラシーを育成する上で子どもたちが取り組む学習活動とはいかなるものか」に対応したものである。小学生という発達段階を考慮した時、原子力発電所再稼働のような複雑な事実や科学的知識、入り組んだ利害関係などの背景をもつ時事的な論争問題について

考えやすくするためには、子どもたちが漫然と論争することがないように、子ども自身が自分が大切だと考える「判断の規準」を明示しそれに基づいて議論できるように、教員は指導していくことの意義を述べたのである。「判断の規準」とはそれぞれの子どもが大切にする価値を指していると言ってよい。論争の過程でそれぞれの価値は、そもそも大切にされるべきか否かが議論されて相対化される。「政治的リテラシー」を涵養する教育は、価値認識教育、価値判断教育の視点からも有権者になる前の小学生を、自らの「判断の規準」に基づいて考える民主主義社会を担う市民へと育成する効果が、期待されることを明らかにした。

　第3節では、政治的リテラシーの評価方法について提案した。これは研究の視点「(5)政治リテラシーをどのような規準や基準で評価するのか」に対応している。具体的には、学習のアウトカムである意見文を「パフォーマンス評価」で評価する際の課題を明らかにし、パフォーマンス評価の限界を「教育的鑑識眼」と「教育批評」で補う方法を提案した。

　第3章では、実践授業の分析を行う前提として、実践者が自分の授業実践を研究対象にする意義を明らかにし、その上で、3本の実践授業の分析を行った。

　第1節第1項では、実践者が自分の授業実践を研究対象にする意義を、J.ロックランの先行研究に基づいて意義づけた。J.ロックランは「研究者と実践者が同一人物で、研究結果が個人を越えたものになる以上、何がどのようになぜ行われたのかを注意深く詳細に吟味すること」の重要性を説いた。さらに「何をどのようになぜ行うのか検討する術を提供する意味のある情報として、他者の授業に影響を与えることができる」と意味づけている。本研究ではこの提言に基づいて、本実践研究が実践者である個人を越えて政治的リテラシー育成教育を目指す他の研究（者）にも、先行する研究としての成果と課題を残せるように心がけることの必要性を論じた。

　第1節第2項では、本研究で分析対象とした3つの実践内容を概観す

るとともに、主にどの視点を重点にするのかを述べた。

　第2節第2項では、3つの視点で分析する意義について述べた。以下では各実践とそれぞれを重点化して分析する視点について確認した。

　〈第1実践〉「発電方法の未来を考える　その1」は、主に視点②方法：「判断の規準」にかかわる実践である。「判断の規準」に基づいて思考することが出来れば、自分がどのような価値観に重きを置いて政策について思考しているのかが、議論の場において明示することができる。これにより自分の考えを他者に伝えやすくなるばかりでなく、自分自身の考え方をメタ認知する上でも有効になることを明らかにした。

　〈第2実践〉「発電方法の未来を考える　その2」は主に視点③評価：「評価のあり方」にかかわる実践である。

　その評価のあり方の1点目は、教員による子どもの学びを見とる評価には、脱文脈されない状況で子どもの資質・能力を見とるパフォーマンス評価に意義を見出した。しかしながら、パフォーマンス評価が子どもの学びの多様性を見きれるわけではないという限界をもっており、その限界を教育的鑑識眼・教育批評で補足する方法を提案することとなった。

　その評価のあり方の2点目は、評価の第3段階すなわち「子どもたちの多様な学びを評価する上でルーブリックには限界があることを明らかにし、教育的鑑識眼と教育批評で補う段階」においては、ルーブリックの記述語だけでは評価しきれない子どもの学びを教育的鑑識眼で補うことによって多面的に見とることができる可能性を示せたことである。なかでも子どもたちを市民として育てる際に「政治的リテラシー」の中核となる「公正」に関わる思考力や価値観の評価をルーブリックの記述語が見過ごしてしまう恐れがあるという問題提起が出来たことは、「政治的リテラシー」のパフォーマンス評価の在り方を省察しルーブリック作成の在り方を見直す上で意義があると考えられよう。

　〈第3実践〉「川内原発再稼働は誰の声を優先して決めるのが望ましい

か」は、主に視点①内容：「当事者性」にかかわる実践である。単に個人的な利益だけではなく様々な立場の人々の幸せを考えながら公共性のある価値を選択しいていくことが「当事者性」が高い状態であると捉えた。この「当事者性」概念を用いて子どもの対話や記述を分析することによって、子どもたちが〈公共的な価値〉について考えながら判断や決定を行っているのか否かを明らかにできた。ここに本実践の意義が存在する。さらに子どもが自身が、「当事者」と考えた人々に対して政治の論争問題がいかなる影響を考えるのかを判断する学習を繰り返すことで、子ども自身が当該論争問題への関心を益々高め、自分と論争問題や当該政策との関係を考えるようになることを期待できる点に、本実践の意義が存在する。

　この点については少し補足を行う。社会科でも道徳科同様に社会事象にかかわる人物を教材化し、その人から見える社会事象について学ぶという方法は一般的に行われている。多くの社会科教科書で人物を取り上げられるのもこの方法に該当する[1]。この方法は子どもが当該人物の視点から社会事象や社会問題を捉えやすい点では、子どもに社会問題や争点をわかりやすくさせるさせるという長所がある。しかしながら、反面当該人物以外の視点から政治や社会の論争問題を知ったり理解したりするためには困難さが生じてしまうという短所を同時に抱えている。この点本研究の「当事者性」を涵養するロールプレイングによる討議は、対立する複数の人物になったつもりで考え、最終的に自分で「当事者」を選択することが出来るので広い視野から多面的に考えることができることを前提につくられた学習方法である。ここに既存の人物をめぐる学習とは異なる点があり、〈第3実践〉の意義が存在すると考えられる。

　続く第2節では、3本の授業実践を3つの方法で分析する理由を述べた。

　第1の方法、すなわち授業における教員と子どもたちの発言記録を分析する理由を明らかにした。子ども同士が考えを行き交わせ応答しあう

なかで、いかなる「判断の規準」が子どもたちの考えの広がりや深まりに影響を与えあっているのかを明らかにすることが必要だからである。

第2の方法、すなわち子どもたちが毎時間の終了時に書いた「ふり返り」（自己評価）の記述を分析する理由を明らかにした。それは、授業中に発言しなかった子どもたちが、いかなる「判断の規準」に基づいて思考を変化させ深めたのかを明らかにできるからである。このようにすることで、子ども自身も、自分の思考過程を曖昧にせず言語化して残しておくことが出来る。これは教員にとってもプラスの効果をもたらす。それは、子どもの学びの状況を把握できないまま、学習が進んでしまい適切な指導を逃す可能性が生じるリスクを減らすことにもつながっていくからである。

第3の方法、すなわち子どもたちが単元終了時に書いた意見文を分析する理由を明らかにした。それは、「パフォーマンスは具体的な状況の中で可視化され、解釈される」ことや「それ以上分割すると本来の質を失うという、ひとまとまりのパフォーマンスを行わせる」ことを実際の授業中から意識しておく必要があるからである。

第3節では、〈第1実践〉「発電方法の未来を考える　その1」－主に視点②方法：「判断の規準」にかかわる実践－における子どもの学びを分析した。

「判断の規準」に基づいて討論や論争を行うことが政治的リテラシーの育成にどのように生かせたのか、この点について明らかになったことを以下に記す。子どもたちは、太陽光発電、風力発電、水力発電、地熱発電、火力発電、そして原子力発電に至るまで、様々な発電方法について、自分で考えた「判断の規準」に基づいて、発電量を増やすか減らすかを考えることができた。さらに子どもたちは、新聞社説の主張でも二分されていた原子力発電所再稼働という時事的な論争問題について、特に「い児」という他者の「判断の規準」に思考を揺さぶられながら考えていた。「判断の規準」を生かしながら話し合っていた子どもたちは、

原子力発電所再稼働に賛成か反対かという争点をつくり出し、争点に立ち向かい自分の「判断の規準」を自覚しながら、原子力発電所再稼働の可否について判断しようとしていたと考えられる。

　続いて、子どもたちの「当事者性」の育成について「判断の規準」と関連付けて考察していく。子どもたちが重きを置いた「判断の規準」（表5）は［1　自然への安全］、［2　人への安全］、［8　地元住民への説明・地元の声を聴く］が増加していった。それに対して［3　費用が安いか高いか］、［4　発電量の多寡］、［6　再生可能か］は減少していった。このことから子どもたちは、第8時までは［3　費用が安いか高いか］、［4　発電量の多寡］、［6　再生可能か］などの「判断の規準」を重要視していた、すなわち経済性を重視していたことが分かる。福島第1原子力発電所事故で故郷を失ってしまった人々や避難で苦しんでいる人々のことを考えたり、地域の人々や自然環境への安全性を軽視したりする時点で、原子力発電所爆発事故に対する意識そのものが既に「他人事」であったのだろう。その意識は、子どもたちが学び合いを通して、原子力発電所の地元地域の人々や自然環境の安全を重視することへと考え方が変化し始めていったと考えられる。

　以上のように、子どもたちは「判断の規準」を明示しながら話し合いを進めた。これにより子どもたちは今ここで何を話題しているのかを可視化し、話し合いの論点がずれないように自分たちで調整しながら学習に取り組んでいったのである。同時に、話し合いに参加している子どもたちがいかなる「判断の規準」に重きを置いて考え話し合っているのか、子どもたちは自分たちの学習をモニターしながら学ぶことが出来ることで、自分たちが自分たちの学びをメタ的に捉えることが可能になり、自分たちの学びを促進させているという意義が明らかになった。そのことは同時に、子どもたちを指導している教員にも、子どもたちが話題にしている「判断の規準」が可視化され的確な指導を可能としたのである。

　第4節では〈第2実践〉「発電方法の未来を考える　その2」－主に

視点③評価：「評価のあり方」にかかわる実践－における子どもの学び
を分析した。

　はじめに、パフォーマンス評価と「判断の規準」にかかわる意義につ
いて述べる。

　パフォーマンス評価のルーブリックにおいて「判断の規準」にかかわ
るのは、評価規準 ii である。パフォーマンス評価の結果によれば、「評
価規準 i ～iii は基準4が最も多く、規準 iv も含め、全評価規準において
学級の80％以上の子どもが、基準4・3に達している。これらの結果
から本学級の大部分の子どもたちに、アウトカムとしての意見文を書く
『政治的リテラシー』が培われたことが読み取れる」と政治的リテラシ
ーが育ってきているとという判断がなされている。

　このような結果が出されたのは、子どもたちが授業中に「判断の規準」
に基づいて話し合いを行っただけではなく、毎時間の学習の「ふり返り」
（自己評価）でも、「判断の規準」という概念を用いながら、自分の学び
を内省していった学習活動を継続したことと関係があると考えられる。

　政治的リテラシーの思考力の中心的な要素である「判断の規準」を用
いて、毎時間の学習の「ふり返り」（自己評価）を行うことが、ロールプ
レイによる討議と結びついたときに、「当事者性」の育成においても有
効であることは、第3章第5節でも述べた通りである。

　その第5節では、〈第3実践〉「川内原発再稼働は誰の声を優先して決
めるのが望ましいか」－主に視点①内容：「当事者性」にかかわる実践
－における子どもの学びを分析した。

　第1に政治的リテラシーを育成する論争問題学習で涵養するべき「当
事者性」について、その捉え方を示せたこと自体に本研究の意義が存在
する。

　第2はその「当事者性」を、子どもの姿で語ることについて「当事者」
を誰にするのか、公共的価値か個人的価値かを、2つの要素として示し
た。その上で、「当事者性」が涵養される姿を、❶～❹のカテゴリー（表

16) で捉えられることを明らかにしたことに、本研究の意義が存在する。

第2節　本研究の成果と課題

第1項　政治的リテラシーと「判断の規準」について

　小学校社会科において育成する政治的リテラシーの定義については、第1章で述べた通りである。ただし、筆者が定義した政治的リテラシーは、学習過程を網羅しているに過ぎず、もっと焦点化した方がよいという意見もあることだろう。

　「争点を知ること」こそが、政治的リテラシーの中核的な能力と捉える見方は先行研究においても強い傾向にある。また政治的リテラシーの捉え方によっては、授業において「対立する代替案間での合意の形成や差異の確認を行う」ことまでを想定した学びも求められる可能性がある。さらに近年言われる、ゼロ・トレランス問題を考慮すると政治的リテラシーにおいても寛容の価値は大切にされるべきである。

　このような様々な要素が考えられる政治的リテラシー概念だが、子どもたちが自分で「判断の規準」を創造することを学習の中心にすることによって、他者との「争点」が明らかになることは特に〈第1実践〉「発電方法の未来を考える　その1」－主に視点②方法：「判断の規準」にかかわる実践－、ならびに〈第3実践〉「川内原発再稼働は誰の声を優先して決めるのが望ましいか」－主に視点①内容：「当事者性」にかかわる実践－などの授業実践から明らかにした通りである(2)。

　本研究における政治的リテラシー育成においては、子どもが「判断の規準」を創造すること自体を強調することに意味があると考える。なぜならば子どもたちが自ら「判断の規準」を創ることによって民主主義社会の主権者となって育つ意義があり、政策についての個人の意思決定を手段として、よりよい社会の実現のためのに価値を創造することを促す

と考えられるからである。

　また表面的に政策への賛否を討議するのではなく、その背景にある価値観に根ざした粘り強い討論を行うことが、相互の寛容精神を涵養することにもつながると考える。今後はこのような点についても、授業実践を通して明らかにする必要があろう。

　筆者の政治的リテラシーの定義に不足があるとすれば、「当事者性」概念との関係性については十分に触れることが出来なかったことであろう。この点は、今後の検討課題としたい。

　本研究では、政治的リテラシー教育の基盤となる民主主義観についても言及した。政治的・社会的に対立する問題を取り上げて、教室空間を「政治的判断能力を訓練する」場にすることが、未来の政治教育に向けて現状の社会科教育を修正する最善策だと考えた。

　というのも『小学校学習指導要領（2017）』（社会）が想定する政治的リテラシー涵養教育（文部科学省・総務省で言うところの「主権者教育」のこと）は、子どもが「自分自身は何ができるのかを考えることができるようにする」程度でよいとしている。その程度を目指している限り、「現実の具体的な政治的事象」を取り扱うことはできても「政治的・社会的に対立する問題を取り上げ、政治的判断能力を訓練すること」を目指すことは非常に困難である。そこで教員自身が、民主主義社会に対して「諸々な揉め事が起きて、思うほど簡単に、問題の解決は進まないものと捉える」社会観をもつことや、それを子どもとも共有することが必要なのである。

　このような民主主義社会観に立つことによって、社会や政治には対立や論争があり、それらについて社会に生きる皆で話し合い、知恵を出し合って解決していこうという考え方や態度形成につなげたいという意図を明らかにした。

　先に述べたように本研究における政治的リテラシー育成の要になるものは「判断の規準」である。〈第1実践〉では「判断の規準」に基づい

た討論活動と自己評価活動、〈第2実践〉では「判断の規準」に基づいて意見文を書くパフォーマンス課題への取り組みなど、本研究では、「判断の規準」に基づいた活動を多様に展開してきた。

〈第3実践〉におけるロールプレイ（役割演技）の討論活動の取り組みでは、自分以外の異質な他者の意見へ反論したり、拒否したり、受け入れたりすることを通して、自分以外の他者の利害についても広い視野から、公正や公共を意識して考えることに意味を見いだす価値観が子どもたちに芽生え始めたと考えられる。

ただし、このロールプレイの討論活動を行うためには、「判断の規準」に基づいた討論活動や自己評価活動などの学習方法に習熟しておく必要があることも明らかになった。

以上のように、政治的リテラシーを育成する上で、「判断の規準」に基づいて思考する学習活動を行うことが有効であることを明らかにできた。

第2項　政治的リテラシーと「当事者性」の育成について

本研究では「当事者性」を、「ある論争問題の結果が、自分が『当事者』と考えた人々に、どの程度強い影響を与えるか関心をもって考え判断できること」と捉えた。その上で〈第3実践〉では、自分が「当事者」と決めた人になったり、敢えてそれ以外の立場の人になったりしたつもりで、ロールプレイの討論活動を行った。

ここでは①子どもたちが原子力発電所立地自治体と周辺自治体が公正ではない状況をどのように受け止めたのか、②自分と異なる考え方にどれだけ触れたのか、などを考察する。

先ず①について考察を行う。「薩摩川内市民だけ」以外を「当事者」とした子どもは24人／28人に上った。子どもたちは同意する権利さえもたないのに、事故が起きてしまえば放射性物質の被害を受ける人々がいることを知り、「公正」さが保障されないことを問題視したと考え

られる。子どもたちは自分が「当事者」と判断した立場以外の人々の利益・不利益も考え公正を意識しながら、最終的な「当事者」を決めようとしていた。

　次に②について考察を行う。ロールプレイの討論を通して自分以外の異質な他者の意見へ反論したり、拒否したり、受け入れたりしながら、自分以外の他者の利害はどうか、広い視野から公正や公共的に考える価値観が芽生え始めたと考えられる。それは、抽出グループの30km圏内や九州全体の住民の役割を演じた時の発言に表れている。また、異質な声を聴くことで、最後まで薩摩川内市の住民を「当事者」に限定していた子どもでさえも、薩摩川内市の儲けを周辺自治体に分配したほうがよいと公正や公共を意識した意見に変化したことに表れている。

　〈第3実践〉におけるロールプレイによる討論の取り組みでは、広い視野から価値「公正」や公共的に考える価値観が芽生え始めたと考えられると記した。すなわちこの活動を行うことによって「当事者性」の育成が可能であることが分かってきたのである。と同時にこのロールプレイによる討論を行うためには、「判断の規準」に基づいた討論活動や自己評価活動などの学習方法に習熟しておく必要があることは、第3章第5節でも述べた通りである。

　本研究においてさらに明らかになったことは、「当事者性」育成以前の段階として、当該論争問題について「自分が『当事者』と考えた人々」のことを他人事とせず我が事のように考えることが必要なことである。それは、子ども一人一人が、当該論争問題に対して賛成／反対のどちらの立場を選択するのかにかかわらず、当該問題が、当事者の人々に甚大な影響（良い影響でも悪い影響でも）をもたらすという揺るぎない認識をもつことが、「当事者性」育成の前提になるということである。〈第1実践〉の分析において、それぞれの「判断の規準」の増加や減少の傾向を追究することによって、「当事者性」育成の前提が明らかになってきた。このような前提が、〈第1実践〉の分析を経て、明らかになってきたこと

も本研究における「当事者性」育成研究を「判断の規準」と関連付けて考察した成果といえよう。

第3項　政治リテラシーとパフォーマンス評価・教育的鑑識眼・教育批評について

〈第2実践〉における「評価のあり方」について成果としてあげられることは、第1点目にパフォーマンス評価と教育的鑑識眼・教育批評の3段階で示すことができたことである。

具体的には、

【第1段階】：意見文によるアウトカムの産出・収集

【第2段階】：ルーブリックによるパフォーマンス評価

【第3段階】：教育的鑑識眼による補完

という3段階である。

このように論争問題学習における「政治的リテラシー」のアウトカムの評価方法を段階的に明確化した実践的な評価研究は、管見の限り存在しなかったと思われる。今後は子どもたちへの評価の還元は、ルーブリックの記述語によるものと教育的鑑識眼による個別記述によるものを組み合わせる形式を構想することができたのである。

第2点目は第2段階のパフォーマンス評価の規準に関わる成果である。論争学習問題における意見文を「政治的リテラシー」のアウトカムとして評価するためのルーブリックを作成できたことは、本研究の成果である。

第3点目は第3段階の子どもの多様な学びを評価する方法に関わる成果である。ルーブリックの記述語だけでは評価しきれない子どもの学びを、教育的鑑識眼で補うことによって、多面的に評価できる可能性を示せた。なかでも、「公正」という市民育成や市民社会にとって核になる価値観をルーブリックの記述語が見過ごしてしまうという問題提起がで

きたことは、「政治的リテラシー」の評価の在り方を考える上で重要な論点を提示できた。この意義をさらに多くの実践者と共有したい。

第4項　残された課題

はじめに、政治的リテラシーを育成する社会科学習論と、既存の社会論争問題学習論の関係に関する課題を取り上げる。

第1章第3節において、政治的リテラシーを育成する社会科教育論と既存の社会論争問題学習には、いかなる共通点や相違点があるのかについて、以下のように提言した。

> …（前略）…「政治的リテラシー」の要は、争点を分析して主な「争点を知る」ことだから、縦軸の上を、【主な「争点」を「知る」】(Analysing Issues) としてみた。…（中略）…「主な」を付け加え既存の争点を知る旨、つまり相対的に客観性が強い旨を明確にした。
>
> 次に、縦軸の下は、どこに「争点」があるのか分析して争点を決めて論争に「立ち向かう」活動が中心になる。「立ち向かう」は、既存の争点を知るだけでなくて、自分たちで争点を決めて論争するという意味である。そこで、縦軸の下は、【「争点」に「立ち向かう」】(Confronting Issues) としてみた（図2参照）。このように、相対的に子どもの主体性が強い旨を明確にした。

既存の争点を知ることだけでなく、子どもたち自身がどこに「争点」があるのか分析して争点を決めて論争に「立ち向かう」ことこそ、子どもの主体性を重視した政治的リテラシーの学習論だと考える。

この学習論は、子どもたちの学びの姿から作り出した学習論である。授業者は〈第1実践〉において、当初は「新安全基準に合格した原発は再稼働するべきか否か」を「争点」にしようと考えた。

しかし実際には、子どもたちが「人間の命の安全」、「故郷に帰れない

悲しみ」と「安全基準に合格した原発の再稼働」のどちらを優先するのかということを「争点」にしていったのである。

　以上から、既存の論争問題学習の型との関係を踏まえて「政治的リテラシー」を育成する学習とは「判断の規準」に基づいて自分たちで「争点」に「立ち向かう」こと、すなわち子どもの主体性を重視した学習であるということができる。

　政治的リテラシーの学習は、単に論争問題学習に取り組める子どもを育てるだけではなく、将来的には政治や社会におけるリアルな論争に「立ち向かう」ことができる民主主義社会を支え担う市民や主権者を育成する教育である。

　そうであれば、学校の学習においても子どもたちの主体性を伸ばす授業を展開することは「政治的リテラシー」涵養においては前提となるだろう。この前提を踏まえた上でさらに多くの授業実践において「政治的リテラシーを涵養する論争問題学習の枠組」の妥当性を問うことは、今後の課題になると考えられる[3]。

　次に政治的リテラシーを育成する社会科教育論と「当事者性」を育成する社会科教育論の関係についてふり返る。「当事者性」を涵養する教育の課題として、次のことがあげられよう。

　「公共的な価値」（公正）を自明とした点や、「公共的な価値」（公正）と非・「公共的な価値」（非・公正）を二分する基準を言語化できるのか否か、これは本研究で示した「当事者性」の理論的な課題である。

　また、本研究で示した「当事者性」の概念の捉え方を用いて、子どもたちに「当事者性」を育成することができる具体的な論争問題は他にどのようなものがあるのだろうか。

　例えば、原子力発電所再稼働問題と同じ構造をもつものに、沖縄県にあるアメリカ軍基地の移設問題があげられよう[4]。これは一部の地域に負担を押しつける共同体の在り方について、問題を解決する権利を有しているのは誰なのかという枠組で考えることができる論争問題である。

原子力発電所再稼働に賛成／反対、辺野古への移設に賛成／反対という表向きの争点の他に、この論争問題に対して意見を言える、口出しができるのは誰なのかという「当事者性」の問題－ある意味、この問題における前提的な争点－でも論争をすることが可能である。このように、原子力発電所再稼働問題や米軍基地移設問題のような具体的な事例を増やすことによって「当事者性」を育成することが可能な題材や単元を増やすことが可能になる。このことは今後の課題にしていきたい。

　次にパフォーマンス評価・教育的鑑識眼の研究について課題を述べる。

　課題の１点目は本研究で示した通り、子どもが記述したふり返り（自己評価）や意見文を読んで、子どもの学びを多面的に評価することはそれなりに困難を伴う教育活動であるということである。このような多面的な評価活動は、教員なら誰でも出来るとは限らず、ある程度の経験や研修も必要になるという問題が生じる。

　課題の２点目は、本研究において、アイスナーが提唱した教育的鑑識眼や教育批評の概念を用いたことである。パフォーマンス評価の限界を教育的鑑識眼や教育批評を補うという発想自体に問題がなかったのか、この点はこれからご批判をいただきたいと考えている。この課題には、日本ではアイスナーが提唱した教育的鑑識眼や教育批評研究が少ないという問題も関連している。既に松下良平のように、アイスナーを批判的に受容しながら〈教育的鑑識眼に基づいた教育評価〉という概念を提唱しはじめた教育哲学者も存在するが、そのような研究者は極少数である[5]。筆者は、先に分析したように、パフォーマンス評価の限界を教育的鑑識眼や教育批評で補う方法に意義を感じているが、課題の１点目で指摘したような困難を伴うことから、その教育研究としての今後の生かし方には課題が多いと思われる。

　最後に、学校教員の評価観に関連した課題を述べる。それは、筆者も含めた全ての学校の教員が、学習の評価観自体を問い直すことである。

なぜならば、パフォーマンス評価も教育的鑑識眼も、教員が子どもを評価する方法だからである。

「政治的リテラシー」の育成は、自律的で協働的な政治的主体の形成を目指すことでなし得る。それならば、他者との対話の中で、自分の判断についてメタ的に自己評価できる能力が求められるであろう。そのためには社会科という教科学習においても、これまで以上に、子どもたちが自己評価活動を行い、それを教員の教育的鑑識眼をもって、子どもが学んだ事実を確定する活動が必要になっていくと考えられる。

教育研究において、主体的な学び、対話的・協働的な学びなどと、学力観は更新されつつある。だからこそ今までの評価観自体を問い直し、評価活動自体を学びの一環として捉えるという学力観の更新に伴った研究がさらに求められる必要があると考える。このような問題の原因を探っていくと、社会科教育研究の動向全体にも課題があると考えられる。管見の限り社会科教育研究における自己評価や自己調整などをテーマにした研究は、ほとんど存在しないようである[6]。以上が本研究に残された課題である。

小学校社会科における政治的リテラシーの実践研究はまだ未開拓の領域である。本研究が契機となって多くの実践者や研究者の議論の素材となることを念じている。

【補註】
第1節
(1) 粕谷昌良（2019）『アナザーストーリーの社会科授業　―異なる立場から多角的に考える力を育てる』学事出版。また、小学校社会科教科用図書（文部科学省検定済教科書）では、各社とも人物が登場して吹き出しに仕事の工夫や努力を語る構成となっており、ほぼ社会科教科書では、定型化された書式になっていると考えられる。

第2節
(2) 神野は筆者が提案する「判断の規準」はやや難解な概念であり、結局は「争点を知る」ことと同様だとする。神野とは異なるが、「争点を知る」ことは結

局は「判断の規準」を明らかにすることだとする考え方に佐藤の研究がある。
　佐藤は、政治的リテラシーの中心的な問題は、「争点を知る」ことだと考えて研究を進めた結果、争点は「判断の規準」を巡って起きると考えるように至った。神野と佐藤の両研究から、政治的リテラシーで重要な力は「争点を知る」ということを前提にしながらも、「争点」とは何を巡る対立なのかを極めていくと、結局は政策の表面的な違いの背後にある価値の対立であることが分かったということなのである。神野と佐藤の研究からも、「争点を知る」ことと「判断の規準」は、表裏一体の関係であることが明確になったと考えられよう。神野幸隆（2018）「政治的リテラシーを育成する NIE 授業の研究－新聞投書の多様な争点に着目して－」日本 NIE 学会誌、第 13 号、pp.21-30 ならびに、佐藤孔美（2017）「論争問題を通して『政治リテラシー』を涵養する小学校社会科の学習－『争点を知る』に着目して－」お茶の水女子大学附属小学校『研究紀要』第 24 号、pp.25 - 37 を参照のこと。

(3) 筆者の政治的リテラシーの【主な「争点」を「知る」】（Analysing Issues）／【「争点」に「立ち向かう」】（Confronting Issues）という争点へのかかわり方を取り上げて言及した研究として金野誠志（2018）がある（金野誠志「世界遺産としての文化遺産を保存する意味や意義を考える世界遺産学習　－「顕著な普遍的価値」の解釈や適用に視点を当てて－」日本グローバル教育学会『グローバル教育』第 20 号、pp.31-46）。
　金野は単元を大きく 2 過程で構想し、前過程では、【主な「争点」を「知る」】（Analysing Issues）学習に重点を置き、後過程では、【「争点」に「立ち向かう」】（Confronting Issues）学習に重点を置くという工夫を行っている。この学習の前半では、子どもが既存の争点を発見することに重点を置いたことに比べ、後半は、子どもたちが自ら争点をつくることに重点が置かれてるのである。金野は、【主な「争点」を「知る」】（Analysing Issues）／【「争点」に「立ち向かう」】（Confronting Issues）を組み合わせることで、学び方の範例学習のような単元を計画を構想し、学び方を学ばせようとする意図をもっているのである。

(4) 岡田泰孝（2018）「第 2 章第 6 節　沖縄のアメリカ軍基地について考えよう（普天間米軍基地の移転）」柳沼良太、梅澤真一、山田誠編著『「現代的な課題」に取り組む道徳授業－価値判断力・意思決定力を育成する社会科とのコラボレーション－』図書文化社ならびに、岡田泰孝（2019）執筆分担「実践事例 13　沖縄の米軍基地移設、誰の立場で決めるのか？」お茶の水女子大学附属小学校・ＮＰＯ法人お茶の水児童教育研究会、食育・家庭科・社会科部会『独りで決める、みんなで決める－意思決定力が求められる背景と食育・家庭科・社会科での学び－』

(5) 松下良平（2002）「教育的鑑識眼研究序説」、天野正輝編『教育評価論の歴史と現代的課題』晃洋書房、pp.212-228。同（2004）『道徳の伝達―モダンとポストモダンを超えて』日本図書センター。

図工・美術科教育において、アイスナーの教育的鑑識眼・教育批評を取り入れた研究が存在する。例えば、佐藤絵里子（2016）「題材ルーブリックの開発過程における『教育批評』的言語表現の役割―美術鑑賞授業のパフォーマンス評価に関する質的分析を通して―」美術科教育学会『美術教育学』第37号、pp. 233-245があげられよう。なお、佐藤絵里子の研究の課題については、岡田泰孝（2019）「教育的鑑識眼を学びの評価に適用する際の実践的課題―鑑識眼的評価の本質から問い直す―」日本社会科教育学、第69回全国研究大会（新潟大会）自由研究発表Ⅱ―第8分科会における発表資料、ならびに『日本社会科教育学第69回全国研究大会　発表論文集』pp.262-263で明らかにした。

(6)　峯明秀（2008）「学習成果発表に向けての学習者による『調整』」、『大阪教育大学社会科教育学研究』第6号、pp. 11-20

　佐藤健翔・藤本将人・内山隆（2016）「多様な認識形成を保障する社会科学習評価研究―自己評価論を取り入れた『評価学習問題』の開発」、『北海道教育大学紀要　教育科学編』第67巻1号などを参照のこと。

　なお前者は4件法アンケートによって子どもに自己評価を促す内容である。このような手法と同時に、子どもの学びの具体的な内実に迫る質的な手法も考える必要があるだろう。後者は、自己評価論を加味したパフォーマンス評価であるが、未だ構想段階のため、今後の進展が望まれる。

　また自己学習調整能力の育成を意識した実践としては岡田泰孝（2020）「提案型社会科が拓く社会情意的スキル育成の可能性」日本社会教育学会　第70回全国研究大会自由研究発表Ⅱ―（27）、筑波大学オンライン大会（2020年11月28日・29日）資料がある。

　さらに得居千照（2017）「哲学対話における『学習としての評価』の役割―高等専門学校『対話としての哲学・倫理入門』『現代社会論』の実践分析を手がかりにして―」日本社会科教育学会『社会科教育研究』No.132は、哲学教育の実践ではあるが子ども・生徒が自己評価の評価規準を作成するという点において先進的な試みである。

参考文献・website 一覧

池野範男（1998）「教育課程改革を授業レベルで考える⑤（教師の指導と役割）」広島大学附属小学校教育研究会『学校教育』No.967

伊藤裕康（2010）「当事者性を育む社会科学習：物語構成学習による地理授業の開発」社会系教科教育学会『社会系教科教育学研究』22 号

井上昌善（2018）「民主的な議論に基づく中学校社会科授業構成の方法に関する研究」兵庫教育大学大学院連合学校教育学研究科博士論文

今井誉次郎（1984）『農村社会科カリキュラムの実践』ほるぷ出版、初出は牧書店（1950）

岩坂尚史（2015）「政治的リテラシーを涵養する社会科学習－第 5 学年『八ツ場ダム』実践からの考察」お茶の水女子大学附属小学校『研究紀要』第 22 号

NHKwebsite　https://www.nhk.or.jp/senkyo/database/shugiin/2017/kouyaku/seisaku/
　最終閲覧日 2019/07/04

NHKwebsite「18 歳選挙権に何を思う」http://www.nhk.or.jp/d-navi/link/18survey/
　最終閲覧日 2017/1/4

NHKwebsite　http://www.nhk.or.jp/bunken/summary/yoron/social/pdf/141110.pdf
　最終閲覧日 2020/12/29

大杉昭英（2011）「社会科における価値学習の可能性」全国社会科教育学会『社会科研究』　第 75 号

大杉昭英、須本良夫、橋本康弘、中原朋生、田中伸（2016）「社会系教科目における価値学習の実態と課題－子どもたちの価値判断根拠の実態調査から―小学校編」社会系教科教育学会（鳴門教育大学）発表　2 月 19 日発表用プレゼン資料

オードリー・オスラー、ヒュー・スターキー（2009）『シティズンシップと教育－変容する世界と市民性－』勁草書房

岡田泰孝執筆分担（2010）「第 1 章　学習分野『市民』の概要」お茶の水女子大学附属小学校・NPO 法人お茶の水児童教育研究会『社会的価値判断力や意思決定力を育む「市民」の学習』

岡田泰孝（2015 年 2 月 16 日）第 77 回教育実際指導研究会当日配布指導案、お茶の水女子大学附属小学校公開研究発表会

岡田泰孝（2016）「『政治的リテラシー』を涵養する小学校社会科学習のあり方－時事的な問題を『判断の規準』に基づいて論争する－」日本社会科教育学会『社会科教育研究』129 号、pp.14-27

岡田泰孝（2017a）「『当事者性』を涵養する論争問題学習のあり方－『当事者』を決める活動を通して、民意を反映する政策の決め方を考える－」日本公

民教育学会『公民教育研究』第 25 号、pp.33-47

岡田泰孝（2017b）「『政治的リテラシー』を涵養する学習の構想－様々な立場
　から考えることで当事者性を育成できるのか－」日本社会科教育学会第 67
　回全国研究大会（千葉大学大会）『全国大会発表論文集』第 13 号、pp.82-
　83

岡田泰孝（2018）「第 2 章第 6 節　沖縄のアメリカ軍基地について考えよう（普
　天間米軍基地の移転）」柳沼良太、梅澤真一、山田誠編著『「現代的な課題」
　に取り組む道徳授業－価値判断力・意思決定力を育成する社会科とのコラ
　ボレーション－』図書文化社

岡田泰孝（2019a）執筆分担「『社会を見る 3 つの目』を育てることと、民主主
　義社会を支え生きていくことの関係を教えてください」お茶の水女子大学
　附属小学校・ＮＰＯ法人　お茶の水児童教育研究会、食育・家庭科・社会
　科部会『独りで決める、みんなで決める－意思決定力が求められる背景と
　食育・家庭科・社会科での学び－』

岡田泰孝（2019b）「教育的鑑識眼を学びの評価に適用する際の実践的課題－鑑
　識眼的評価の本質から問い直す－」日本社会科教育学、第 69 回全国研究大
　会（新潟大会）自由研究発表 II －第 8 分科会における発表資料、ならびに『日
　本社会科教育学第 6 9 回全国研究大会発表論文集』pp.262-263

岡田泰孝（2019c）「『政治的リテラシー』のラーニング・アウトカム評価とそ
　の実践的課題　－論争問題の意見文をパフォーマンス評価し、その限界を
　鑑識眼的評価で補う評価方法－」日本社会科教育学会『社会科教育研究』
　No. 136、pp.14-27

岡田泰孝・神戸佳子（2019）「（エッセイ）問題への切実性を表象する『自分事』
　と『当事者性』という表現の妥当性を検討する」お茶の水女子大学附属小
　学校『研究紀要』第 26 号

岡田泰孝（2020）「提案型社会科が拓く社会情意的スキル育成の可能性」日本
　社会教育学会　第 70 回全国研究大会自由研究発表 II －　（27）、筑波大学
　オンライン大会（2020 年 11 月 28 日・29 日）資料

岡部雅子（2019）「チョコレートを買うとき、何を気にして選ぶ？」お茶の水
　女子大学附属　小学校・NPO 法人お茶の水児童教育研究会　食育・家庭・
　社会部会『独りで決める、みんなで決める』

奥村好美（2011）「有田和正の授業観の転換についての一考察　－切実性論争
　に着目して－」京都大学『教育方法の探究』14 号

カール・シュミット、田中浩・原田武雄訳（1970）『政治的なものの概念』未
　來社

カール・シュミット著、稲葉素之訳（1972）「第 2 版へのまえがき議会主義と
　民主主義の対立について」『現代議会主義の精神的地位』みすず書房

笠原一哉（2017）「主権者教育における政治的中立性の確保に関する一考察
　－学校教育における新聞活用の課題を考える－」『四天王寺大学紀要』第

　　63 号

粕谷昌良（2019）『アナザーストーリーの社会科授業　―異なる立場から多角
　　的に考える力を育てる』学事出版

金野誠志（2018）「世界遺産としての文化遺産を保存する意味や意義を考える
　　世界遺産学習　―「顕著な普遍的価値」の解釈や適用に視点を当てて―」
　　日本グローバル教育学会『グローバル教育』第 20 号

神野幸隆（2018）「政治的リテラシーを育成する NIE 授業の研究―新聞投書の
　　多様な争点に着目して―」日本 NIE 学会誌、第 13 号

神野幸隆（2018）「政治的主体化した市民の育成を目指す初等社会科の授業構
　　成　―『税金の再分配の賛否』と『幸福の対象』の『対立』を通じた政治
　　的自我の認知に着目して―」　全国社会科教育学会『社会科研究』89 号

唐木清志（2017）「社会科における主権者教育　―政策に関する学習をどう構
　　想するか―」　日本教育学会『教育学研究』84 巻 2 号

北山夕華（2014）『英国のシティズンシップ教育』早稲田大学出版部

清道亜都子（2013）『書くことの教育における理論値と実践知の統合』渓水社

桑原敏典、工藤文三、棚橋健治、谷田部玲生、小山茂喜、吉村功太郎、鵜原進、
　　永田忠道、　橋本康弘、渡部竜也（2015）「小中高一貫　有権者教育プログ
　　ラム開発の方法（1）」岡山大学『教師教育開発センター紀要』第 5 号

クリック，Ｂ．（2004）『デモクラシー』岩波書店

クリック，Ｂ．（2011）「政治リテラシー」関口正司〈監訳〉『シティズンシップ
　　教育論』法政大学出版局

公益財団法人明るい選挙推進協会（2016.12）『Voters』35 号

児玉聡（2012）『功利主義入門―はじめての倫理学』ちくま新書

小玉重夫（2015）「政治的リテラシーとシティズンシップ教育」Ｊ -CEF：唐木
　　清志、岡田泰孝、杉浦真理、川中大輔（監修・執筆）『シティズンシップ教
　　育で創る学校の未来』東洋館出版社

小玉重夫（2011）「『クリック・レポート』とイギリスのシティズンシップ教育
　　について」　総務省『常時啓発事業のあり方等研究会提案資料』10 月 26 日

小玉重夫（2013）「難民と市民の間で―ハンナ・アレント『人間の条件』を読
　　み直す」現代書館

小玉重夫（2014）「道徳とシティズンシップ教育の連携可能性」公益財団法人
　　明るい選挙推進協会『Voters』No.19

小玉重夫（2016）『教育政治学を拓く　―18 歳選挙権の時代を見すえて―』勁
　　草書房

小西正雄（1992）『提案する社会科』明治図書

小西正雄（1994）『「提案する社会科」の授業 1』明治図書

小西正雄（1994）『「提案する社会科」の授業 2 ―これが出力型の“舞台装置”
　　だ―』明治図書

小西正雄（1995）『「提案する社会科」の授業 3 ―これが社会科教育 21 世紀へ

の序曲だ－』 明治図書

小西正雄（2003）「教育課程開発へ提言　－社会的自己認識を育てる市民科へ－」お茶の水女子大学附属小学校『児童教育』第 13 号

小西正雄（2018）「民主主義と社会科」『社会認識教育研究』第 33 号

齋藤元紀（2017）「哲学対話とその評価について」お茶の水女子大学附属小学校・NPO 法人お茶の水児童教育研究会『児童教育』27 号

坂井清隆（2015）「シティズンシップ教育の開発研究　－小学校社会科における政治学習の実践分析を通して－」『西南学院大学大学院研究論集』第 1 集

坂井豊貴（2015）『多数決を疑う　－社会的選択理論とは何か－』岩波新書

佐藤絵里子（2016）「題材ルーブリックの開発過程における『教育批評』的言語表現の役割　－美術鑑賞授業のパフォーマンス評価に関する質的分析を通して－」美術科教育学会『美術教育学』37 号

佐藤絵里子（2017）「題材ルーブリックの開発過程における『教育的価値』に関する合意形成―美術鑑賞授業のパフォーマンス評価に関する質的分析を通して（2）－」美術科教育学会『美術教育学』38 号

佐藤孔美（2017）「論争問題を通して『政治リテラシー』を涵養する小学校社会科の学習－『争点を知る』に着目して－」お茶の水女子大学附属小学校『研究紀要』第 24 号

佐藤浩輔、大沼進（2013）「公共的意思決定場面において当事者性と利害関係が信頼の規定因に与える影響」『社会心理学研究』29 巻 2 号

佐藤浩輔、大沼進、北梶陽子、石山貴一（2015）「NIMBY を巡る当事者性の違いによる認識の差と手続き的公正の保護価値緩和効果：幌延深地層研究センターを題材としたシナリオ調査」『日本リスク研究学会誌』25 巻 3 号

佐藤健翔・藤本将人・内山隆（2016）「多様な認識形成を保障する社会科学習評価研究－自己評価論を取り入れた『評価学習問題』の開発」『北海道教育大学紀要教育科学編』　第 67 巻 1 号

佐長健司・真子靖弘（2008）「公民的資質を育成する社会科パフォーマンス評価の開発」『佐賀大学文化教育学部研究論文集』13 －(1)

社会科の初志をつらぬく会 8（1997）『問題解決学習の継承と革新』明治図書

J. ロックラン（2007）「教師教育を実践する：セルフスタディに対する課題、要請、期待への返答」ジョン・ロックラン［監修・原著］武田信子［監修・解説］

小田郁予［編集　代表］（2019）『J. ロックランに学ぶ教師教育とセルフスタディ　－教師を教育する人のために－』文学社

杉田直樹、桑原敏典（2012）「意思決定を促す小学校社会科授業方略　－ロールプレイングによる価値の共感的理解と吟味を手がかりに－」『岡山大学教師教育開発センター紀要』第 2 号

総務省（2011）「常時啓発事業のあり方等研究会」最終報告書

田中智輝（2016）「教育における『権威』の位置－H. アレントの暴力論をてが

かりに－」日本教育学会『教育学研究』第 83 巻第 4 号

田村貴紀（2013）「語る権利は誰にあるのか？：3・11 後の日本における反原発運動間の不一致に、ソーシャルメディアが果たす役割」Selected Papers of Internet Research 14.0 : Denver、USA

田村哲樹（2015 年 8 月 28 日）「政治教育における『政治』とは何か」日本教育学会ラウンドテーブル「教育政治学の創成に向かって」資料より

電気事業連合会 website
　https://www.fepc.or.jp/nuclear/safety/torikumi/taisaku/index.html
　（2018/08/07 閲覧）

得居千照（2017）「哲学対話における『学習としての評価』の役割　－高等専門学校『対話としての哲学・倫理入門』『現代社会論』の実践分析を手がかりにして－」日本社会科教育学会『社会科教育研究』No.132

富田英司（2009）「大学生の視点から見た『説得力のあるアーギュメント』とは」『日本認知科学会　第 26 回大会論文集』

豊嶌啓司・柴田康弘（2016）「アウトカムのための社会科市民的資質評価」教育目標・評価学会『教育目標・評価学会紀要』26 号

長田健一（2014）「論争問題学習における授業構成原理の「熟議的転回」－National Issues Forums の分析を通して－」全国社会科教育学会『社会科研究』第 80 号

長沼豊（2019）「Crick report の 3 要素に関する言説について　－日本の Citizenship 教育推進における課題とは－」学習院大学文学部教育学科長沼豊研究室『教育創造研究』第 1 号

西岡加名恵（2017）「序章　戦後日本カリキュラム論の史的展開」田中耕治編著『戦後日本教育方法論史　下巻　－各教科・領域などにおける理論と実践－』ミネルヴァ書房

二宮衆一（2015）「第 2 章 教育評価の機能」西岡加名恵・石井英真・田中耕治編『新しい教育評価入門』有斐閣

橋本祥夫（2014）「問題解決学習における問題意識と学習問題に関する一考察－初期社会科の『切実な問題』の再提起－」京都文教大学『心理社会的支援研究』4 号

ハンナ・アーレント著、佐藤和夫訳（1994）『精神の生活』上巻、岩波書店

ハンナ・アーレント著、ロベルト・ベイナー編、仲正昌樹訳『カント政治哲学講義録』明月堂書店、原著は 1982 年発行、翻訳版は 2009 年発行

ビースタ,G.、藤井啓之・玉木博章訳（2016）『よい教育とは』白澤社

ビースタ,G.、上野正道訳（2018）『教えることの再発見』東京大学出版会

Gert J. J. Biesta（2017）The Rediscovery of Teaching Routledge

日高智彦（2019）「日本における社会科教育研究の動向［2018］」日本社会科教育学会『社会科教育研究』No.137

藤井剛（2015）「主権者教育の諸問題」『明治大学教職課程年報』第 38 号

藤瀬泰司 (2004)「社会形成の論理に基づく社会科経済学習の授業開発：単元「君は会社でどう働くか～特許権問題から見える会社のあり方～」全国社会科教育学会『社会科研究』61号

藤田裕子 (2011)「イギリスにおけるシティズンシップ教育の展開とクリック報告：政治的リテラシーの意義」大阪市立大学教育学会『教育学論集』37巻

藤原孝章 (2006)「時事問題学習の現代的意義と単元開発の方略」『同志社女子大学総合文化研究所紀要』第23巻

藤原孝章、高野剛彦、松井克行、石川一喜 (2009)『時事問題学習の理論と実践 ―国際理解・シティズンシップを育む社会科教育』福村出版

堀哲夫・西岡加名恵 (2010)『授業と評価をデザインする理科』日本標準

松岡廣路 (2006)「福祉教育・ボランティア学習の新機軸―当事者性・エンパワメント」『福祉教育・ボランティア学習と当事者性』万葉舎

松下佳代 (2012)「パフォーマンス評価による学習の質の評価 ―学習評価の構図の分析に基づいて―」『京都大学高等教育研究』第18号

松下佳代 (2015)「教育をめぐるアリーナとしての学力研究」日本教育学会『第74回大会発表要旨集録』

松下良平 (2002)「教育的鑑識眼研究序説」天野正輝編『教育評価論の歴史と現代的課題』 晃洋書房

松下良平 (2004)『道徳の伝達―モダンとポストモダンを超えて―』日本図書センター

水山光春 (2003)「『合意形成』の視点を取り入れた社会科意思決定学習」全国社会科教育学会『社会科研究』第58号

水山光春 (2009)「政治的リテラシーを育成する社会科 ―フェアトレードを事例とした環境シティズンシップの学習を通して―」日本社会科教育学会『社会科教育研究』第106号

水山光春 (2013)「エネルギー・デモクラシーのための市民教育の枠組みを考える（Ⅱ）」『京都教育大学環境教育研究年報』第21号

溝口和宏 (2002)「開かれた価値観形成をめざす社会科教育 ―「意思決定」主義社会科の継承と革新―」全国社会科教育学会『社会科研究』第56号

溝口和宏 (2012)「開かれた価値観形成をめざす歴史教育の論理と方法」全国社会科教育学会『社会科研究』第77号

溝口和宏 (2015)「わが国における『論争問題学習研究』の動向と課題」代表 広島大学教育学研究科 池野範男 科研費研究プロジェクト『多様性と民主主義を視点としたシティズンシップ教育の国際比較研究論文・発表資料集』(4月18日 於岡山大学)

峯明秀 (2008)「学習成果発表に向けての学習者による『調整』」『大阪教育大学社会科教育学研究』第6号

三藤あさみ・西岡加名恵 (2010)『パフォーマンス評価にどう取り組むか』日

本標準

宮﨑裕助（2009）『判断と崇高　－カント美学のポリティクス－』知泉書館

両角達平（2019）「民主主義教育研究会 2019　vol.2」9 月 22 日、首都大学東京・秋葉原サテライトキャンパス配布資料

文部省 1969（昭和 44）年 10 月 31 日、文初高第四八三号　各都道府県教育委員会教育長・各都道府県知事・付属高等学校をおく各国立大学長・各国立高等学校長あて　文部省初等中等教育局長通達　「高等学校における政治的教養と政治的活動について」

http://www.mext.go.jp/b_menu/shingi/chousa/shotou/118/shiryo/attach/1363604.htm

最終閲覧日：2019/09/01

文部科学省（2015）平成 27 年 10 月 29 日　27 文科初第 933 号　各都道府県教育委員会　各指定都市教育委員会　各都道府県知事　附属学校を置く各国立大学法人学長　高等学校を設置する学校設置会社を所轄する構造改革特別区域法第 12 条第 1 項の認定を受けた各地方公共団体の長殿　文部科学省初等中等教育局長小松親次郎「高等学校等における政治的教養の教育と高等学校等の生徒による政治的活動等について（通知）」

http://www.mext.go.jp/b_menu/hakusho/nc/1363082.htm

最終閲覧日 :2019/09/01

文部科学省（2016）「主権者教育の推進に関する検討チーム」最終まとめ～主権者として求められる力を育むために～（6 月 13 日）

文部科学省（2017）「新しい学習指導要領の考え方－中央教育審議会における議論から改訂そして実施へ」平成 29 年度小・中学校新教育課程説明会における文科省説明資料

文部科学省（2017）『小学校学習指導要領』

文部科学省（2017）『中学校学習指導要領』

文部科学省 website「改正後の教育基本法と改正前の教育基本法の英訳（試案）」には、以下の記述がある。Article 14　The political literacy necessary for sensible citizenship shall be valued in education.

http://www.mext.go.jp/b_menu/kihon/data/07080117.htm

最終閲覧日 :2019/07/04

文部科学省 website　総合教育政策局地域学習推進課 > 青少年の健全育成 > 主権者教育の推進 > 参考資料 > 幼児期から高等学校段階 > 取組事例

http://www.mext.go.jp/component/a_menu/education/detail/__icsFiles/afieldfile/2016/05/19/1369950_02.pdf

最終閲覧日：2019/07/03

柳沼良太、梅澤真一、山田誠編著（2018）『「現代的な課題」に取り組む道徳授業　－価値判断力・意思決定力を育成する社会科とのコラボレーション－』図書文化社

山口恭平（2014）執筆分担、志田絵里子他「シティズンシップ教育における論争的問題の検討　－目的・選択基準・方法・効果の観点から－」東京大学大学院教育学研究科附属学校教育高度化センター『社会に生きる学力形成をめざしたカリキュラム・イノベーション』研究プロジェクト平成 25 年報告書 pp.21-50

山田竜作（2007）「包摂 / 排除をめぐる現代デモクラシー理論　－「闘技」モデルと「熟議」モデルのあいだ―」日本政治學會『年報政治學』58 巻 1 号

山本圭（2016）『不審者のデモクラシー　－ラクラウの政治思想－』岩波書店

山本圭（2020）『アンタゴニズムス　－ポピュリズム〈以後〉の民主主義－』共和国

吉田英文（2012）「パフォーマンス評価による教科学習観の変化」東京学芸大学『東京学芸大学教職大学院年報』Vol.1

吉永潤（2014）「勝敗を競うディベート学習の社会科教育における意義　－Ｃ.ムフのラディカル・デモクラシー論に基づいて」日本社会科教育学会『社会科教育研究』No.123

吉村功太郎（2012）『研究論文集　－教育系・文系の九州地区国立大学間連携論文集－』Vol.5 No.2

吉村功太郎（2018）「市民性育成教育における合意形成についての考察」全国社会科教育学会研自由研究発表資究大会（山梨大学大会）10 月 20 日自由研究発表資料より

渡辺貴裕（2016）「英語圏における芸術教育の評価の新展開」田中耕治編著『グローバル化時代の教育評価改革：日本・アジア・欧米を結ぶ』日本標準

渡部竜也（2009）「自由主義社会は『政治的なもの』の学習を必要としないのか―尾原康光氏の論考の再検討―」日本公民教育学会『公民教育研究』第 17 号

渡部竜也（2019.6.1）「『『民主的で平和的な国家・社会の形成者』を育成するのに必要な見方・考え方とは何かを本当に考えたことがありますか？　―学問絶対主義の貧困―」日本教育方法学会「日本教育方法学会第 22 回研究集会発表資料」

渡部竜也（2019）『主権者教育論　－学校カリキュラム・学力・教師－』春風社

謝辞

　本研究は筆者が、お茶の水女子大学大学院　人間文化創成科学研究科博士前期課程　人間発達科学専攻　教育科学コースに在籍中の研究成果をまとめたものである。

　同コース池田全之先生には指導教官ならびに主査として本研究の実施の機会を与えていただき、その遂行にあたって終始ご指導をいただいた。ここに深謝の意を表したい。同コース冨士原紀絵先生には副査としてご助言をいただくとともに本論文の細部や表現に至るまで懇切丁寧なご指導をいただいた。感謝の意を表したい。同コース米田俊彦先生、浜野隆先生、大多和直樹先生も論文指導会において有益なご助言をいただいた。

　本論文は既に学会誌に掲載されていた3論文（岡田泰孝、2016, 2017、2019c）を大幅に再構成した内容である。これらの論文執筆時には学会や本校研究開発にかかわる、水山光春先生、小玉重夫先生、吉村功太郎先生、松下良平先生、坂井清隆先生、岡田了祐先生、梅澤真一先生から重ねてご指導ご助言をいただいた。ここに深謝の意を表したい。なかでも第3章第4節におけるパフォーマンス評価ではあしかけ1年にわたるモデレーションをともに進めていただいた芦田祐佳先生のご助言とご協力なくしてこのデータを生み出すことや教育的鑑識眼を高めることはできなかった。ここに同先生に対して感謝の意を表する。

　定年間近の高齢教員にサバティカルの機会を与えていただいたお茶の水女子大学附属小学校の池田全之前校長先生、新名謙二校長先生、神戸佳子副校長先生をはじめ先生方には感謝とともに申し訳ない気持ちでいっぱいである。特に本研究における実践・理論はともに学習分野「市民」時代からの蓄積に基づいたものである。「市民」・社会部の同僚であった佐藤孔美先生、同僚の岩坂尚史先生とともに研究活動を行えたことがどれだけ励みになったかしれない。また、同部を長年にわたって指導助言

いただいた梶井貢先生、故目賀田八郎先生にも感謝の気持ちでいっぱいである。

原子力発電について真剣に議論し意見文を書いた「こころ学年」、「あおい学年」の子どもたちと一緒に学べ本当に楽しい社会の時間を過ごすことができた。

最後に大学院生活を支えてくれた妻圭子に感謝したい。

なお本研究は JSPS 平成 29 年度科学研究費助成事業（奨励研究）『主権者教育で育む「政治的リテラシー」のパフォーマンス評価・鑑識眼的評価の調査研究（課題番号 17H00106）』ならびに JSPS 平成 30 年度科学研究費助成事業（奨励研究）『主権者教育における「当事者性」を涵養する論争問題学習のあり方（課題番号 18H00141）』（ともに代表者は岡田泰孝）の成果の一部である。

2020 年 12 月 31 日（木）

岡田泰孝

付記

修士論文「小学校社会科における政治的リテラシー育成に関する実践的研究──政治的リテラシー育成のための内容・方法・評価のあり方──」を今回出版するに際して書名を改めた。

なお論文の内容については誤字の修正にとどめた。

本書を出版するにあたり、東洋館出版社の刑部愛香さんにはお世話になった。感謝申しあげる。

2021 年 9 月 30 日（木）

岡田泰孝

東京都の区立小学校勤務を経て、1996 年から、お茶の水女子大学附属小学校・教諭。学習分野「市民」創設、新教科「てつがく」創設など、初等教育におけるシティズンシップ教育への挑戦を試みる。現在は〈価値判断力・意思決定力を育成する社会科授業研究会〉副代表、〈日本シティズンシップ教育フォーラム〉アドバイザー等も務める。

主な単著（論文）

- 「『政治的リテラシー』を涵養する小学校社会科のあり方－時事的な問題を『判断の規準』に基づいて論争する－」日本社会科教育学会『社会科教育研究』No.129、2016 年
- 「『当事者性』を涵養する論争問題学習のあり方－『当事者』を決める活動を通して、民意を反映する政策の決め方を考える－」日本公民教育学会『公民教育研究』No.25、2017 年
- 「『政治的リテラシー』のラーニング・アウトカム評価とその実践的課題－論争問題の意見文をパフォーマンス評価し、その限界を鑑識眼的評価で補う評価方法－」日本社会科教育学会『社会科教育研究』No.136、2019 年
- 「哲学教育における自己評価のあり方を探る－子どもの対話と記述の関係の分析から－」全国社会科教育学会『社会科研究』No.90、2019 年
- 「新教科『てつがく』における自己評価が子どもにもたらす効果　－子ども達がつくった『ふり返りの規準』に基づいて意見文を書く活動を通して－」哲学プラクティス学会『思考と対話』第 1 号、2019 年

主な共著

- 須本良夫編（2012）『若い教師のための小学校社会科 Capter15』梓出版
- 唐木清志・岡田泰孝・杉浦真理・川中大輔監修（2015）『シティズンシップ教育で創る学校の未来』東洋館出版社
- 桑原敏典編著（2017）『高校のための主権者教育実践ハンドブック』明治図書出版
- 柳沼良太・梅澤真一・山田誠編（2018）『「現代的な課題」に取り組む道徳授業－価値判断力・意思決定力を育成する社会科とのコラボレーション』図書文化社
- お茶の水女子大学附属小学校・NPO 法人お茶の水児童教育研究会（2019）『独りで決める、みんなで決める』食育（足立愛美）・家庭（岡部雅子）・社会（岩坂尚史・岡田泰孝・佐藤孔美）部

政治的リテラシー育成に関する実践的研究
　小学校社会科における内容・方法・評価のあり方

2021（令和3）年11月1日　初版第1刷発行

著　　　者：岡田 泰孝
発　行　者：錦織 圭之介
発　行　所：株式会社 東洋館出版社
　　　　　〒113-0021　東京都文京区本駒込5丁目16番7号
　　　　　営業部　TEL：03-3823-9206　FAX：03-3823-9208
　　　　　編集部　TEL：03-3823-9207　FAX：03-3823-9209
　　　　　振替　00180-7-96823
　　　　　U R L　http://www.toyokan.co.jp

［本文デザイン・組版］亀井 智子（岩岡印刷株式会社）
［カバーデザイン］木下 悠
［印刷・製本］　岩岡印刷株式会社

ISBN978-4-491-04556-6 / Printed in Japan